LinkedIn 400 Millones: Monetizar en el economic graph

$\underline{T}$ogether

$\underline{E}$verybody

$\underline{A}$chieves

$\underline{M}$ore

Por Jorge Zuazola ™ fundador de Spanish Leadership © 2015 y el equipo de asociados (www.spanishleadership.com) y miembros http://www.LinkedIn.com/groups/Spanish-Leadership-1072317 . 31 Julio 2015 **ISBN-13:** 978-1507695784 **ISBN-10:** 1507695780

DEDICATORIA A TITULO POSTUMO: IVÁN MAESTRE SCHMIDT

Este libro está dedicado a título póstumo Iván Maestre Schmidt (q.e.p.d.) por su capacidad de liderazgo hispano-germana y su apoyo personal y profesional a Jorge Zuazola desde el 2007 en situaciones muy difíciles inclusive en la etapa inicial de SPANISH LEADERSHIP.

NOMENCLATURA, FORMATO Y DUPLICACIÓN LINKEDIN DEL LIBRO

Este libro nace con vocación de best seller porque se basa en conceptos únicos como:

- Leadership
- Network
- Duplicación
- LinkedIn

Todos sus miembros se "conocen" vía LinkedIn la mayor red de profesionales del mundo con casi ya 400 millones de usuarios. A nivel nacional los LinkedIneadores españoles (residentes en España o en el extranjero) superan a países como Alemania, Francia o Italia estando en Europa solo por detrás de Reino Unido y Holanda. Es por tanto pertinente explicar la estructura de este libro que tiene más de 200 páginas de formato A4. Lo cual serían entre 800 y 1000 páginas de un libro normal. Es por tanto un libro líder que se nutre de la fuerza de su network para duplicarse….a nivel de leadership thought concept.

Es decir se trata de que cada co-autor aumente su liderazgo de mercado con su marca de leadership aquí explicada. **Es muy importante entender que este libro no busca el beneficio sino la educación del lector y que dado que cada co-autor tiene entre un mínimo de 3 y un máximo de 9 trainings en LinkedIn y Network, recomendamos al lector que se ponga en contacto con los co-autores para aprender la metodología SPANISH LEADERSHIP.**

Todo ello bajo el principio mundial de que Leadership is not about creating more followers. It is about creating more leaders.

Y eso es lo que hacemos en SPANISH LEADERSHIP:

Nomenclatura

PRÓLOGO DE JOSÉ BALLESTEROS DE LA PUERTA

Spanish Leadership: Iniciativa, concepto de liderazgo y modelos de monetización (Jorge Zuazola)

Pool de Expertos: Lo que el 3.0 representa en gestión (Ronald C. Stern, Carlos Puig Sagi-Vela, Manuel Hidalgo, Andoni Gartzia, Ana Fragua González, Gabriel Asensi Viana y Antonio Ruiz Rus)

Aragón Digital, la prueba de que LinkedIn 3.0 no tiene límites (Jesús Galindo de la Torre, Ignacio Anduiza y Luis Bona López)

Network 3.0 es ya una realidad donde la mujer debe liderar (Alicia Pueyo, Joana Egea, Catalina Valencia)

Inteligencia espiritual base del mejor leadership (Ronald Stern)

Simplicity un world-wide leadership trait (Raúl Tijero Vallejo)

Humildad en darte cuenta de tu retraso 3.0 te abrirá varias vías monetizadoras (Javier Iparraguirre)

LinkedIn es Leadership 3.0 (Miguel Ángel Pérez-Laguna)

Españoles triunfan en LinkedIn desde Al-Khobar hasta Bogotá (José María Vich)

Andalucía Digital 3.0: Un presente de éxito y un futuro prometedor (Pablo Linares, José Manuel Romero Jara y José Sandino)

Digitalización: la necesidad imperiosa de la transformación (Margarita Villegas)

Expandir tu actividad profesional al network, la carrera del presente (David Romero Cordente)

Reino Unido de España es el ejemplo a seguir: Galicia Business Leadership (Dalmiro Pérez)

Servir al cliente vía LinkedIn, la clave de éxito 3.0 para todo empresario (Carlos J. Pampliega)

Humildad la asignatura pendiente de todo CEO (Juan Ignacio Gietz)

Inversión con retorno es la clave para todo empresario (Bruno Rodríguez López)

Preparación para el 4.0 no es una necesidad sino una obligación (Carlos Bote)

Formato

El Formato está orientado de tal forma que el lector pueda obtener el mayor crecimiento personal del mismo.

Con frecuencia muchos libros best seller son unas 250 páginas de formato y tamaño muy inferior a este.

Esto ocasiona que en multitud de veces el lector olvide el contenido de lo aprendido en el libro. En este caso el lector tiene hasta un Blog para auto-empoderarse.

La función del liderazgo no es crear más seguidores sino crear más líderes. Del éxito en la duplicación de líderes depende del éxito de un gran líder. Por tanto este libro que nace con vocación de líder busca el empoderamiento de las personas aprendiendo los conceptos aquí explicados.

Por ello el libro consta de

- Un Índice detallado para capítulo y sección a fin de que el lector pueda siempre referirse a cualquier página del libro.

- Un formato estilo manual corporativo para que el lector pueda hacer uso del libro en su vida profesional y diaria y aplicarlo día a día.

- Una biografía de cada uno de los autores de capítulos del libro. Porque creemos en el TEAM (Together Everybody Achieves More). Aquí todo el mundo aporta. La humildad es la reina de las virtudes.

- Un blog en blanco al final para que tomes notas y citas de liderazgo y las utilices en Twitter y LinkedIn para así aumentar tu valor de marca personal en el mercado

Duplicación LinkedIn

El poder de la duplicación es ilimitado. Pero la gente no lo sabe ver. Si a ti te ofrecieran un millón de Euros el día 1 de Junio 2015 v un céntimo de Euro duplicándose solo 30 días, deberías saber que es mejor el céntimo y que de hecho perderías más de 4 millones de Euros si ignoras la duplicación. Aquí la prueba en base a la sección estadísticas de contactos de LinkedIn del fundador de Spanish Leadership. Esto dice su red LinkedIn

Cuando encuentres a la gente que buscas, podrás contactar con ella por medio de presentaciones y contactos de confianza. Tu red crece cada vez que incorporas un contacto — **invita a contactos ahora**.

Tu red de profesionales de confianza

Tú estás en el centro de tu red. Tus contactos pueden presentarte a 22.780.900+ profesionales — así es como está dividida tu red:

1 **Tus contactos**   6.121
Tus amigos y colegas de trabajo de confianza

2 **A dos grados de distancia**   5.628.700+

Amigos de amigos; cada uno conectado a uno de tus contactos

3 **A tres grados de distancia**   23.409.800+
Comunícate con estos usuarios por medio de un amigo y uno de sus amigos

Número total de usuarios que puedes contactar por medio de una   24.780.900+
presentación

46.366 personas nuevas en tu red desde el 16 de Julio.

La red LinkedIn

El número total de usuarios de LinkedIn, que pueden ser contactados directamente a través de mensajes InMail.

Número total de usuarios que puedes contactar directamente — ¡prueba una búsqueda ahora!

100,000,000+

Datos de la red de un amigo suyo en Madrid

Acceso regional: Las ubicaciones más populares de tu red

16%
    1. Madrid y alrededores, España
8%
    2. Barcelona y alrededores, España
4%
    3. Argentina
2%
    4. Nueva York y alrededores
2%
    5. España

Tu región: Madrid y alrededores, España

Tus contactos se encuentran en 111 ubicaciones pero tu red te da acceso a **1.470 ubicaciones adicionales**, entre ellas:

- Reino Unido
- Atlanta y alrededores
- Área Metropolitana de Washington D.C.

Las ubicaciones **de mayor crecimiento** de tu red:

1. Madrid y alrededores, España
2. Barcelona y alrededores, España
3. Argentina

Acceso de sector: Los sectores más representados en tu red

10%

       1. Servicios y tecnología de la información

6%

       2. Marketing y publicidad

5%

       3. Consultoría de estrategia y operaciones

4%

       4. Recursos humanos

4%

       5. Telecomunicaciones

Tu sector: Internet

Tus contactos están en 117 sectores pero tu red te da acceso a **148 sectores adicionales**, entre ellos:

- Equipo informático
- Apuestas y casinos
- Artículos de lujo y joyas

Los sectores **de mayor crecimiento** de tu red:

1. Consultoría de estrategia y operaciones
2. Servicios y tecnología de la información
3. Dotación y selección de personal

En conclusión este libro nace con vocación de best seller. Se comercializará en todas las webs de distribución de libros más importantes del mundo. Pero la vocación de duplicación en LinkedIn, que integra a Twitter, es la clave de su éxito en su estratégico objetivo de llegar a best seller.

NOTA DE LOS AUTORES

Este libro está escrito bajo la premisa del buen gusto y sin aras de polemizar. Cualquier referencia de prensa o Internet a este libro que quiera polemizar entra en conflicto con el objetivo del mismo. Cuando se publica este libro en Agosto LinkedIn cuenta ya con más de 7 millones de LinkedIneadores en territorio nacional lo cual hacen de España un país líder en Europa. Este dato avala las tesis de Jorge Zuazola, fundador de Spanish Leadership, de que si toda España estuviese LinkedIneada la recesión no hubiese existido. El propio CEO de LinkedIn, Jeff Weiner dice en el canal oficial de LinkedIn en YouTube que la apertura de su oficina en Madrid prueba que España es uno de los países de mayor crecimiento de Europa.

Jorge Zuazola ha propuesto un temario para este libro. Todos sus colegas LinkedIneadores han escrito el capítulo correspondiente de forma independiente. No existen normas de formateo más allá de tener una URL LinkedIn y escribir en Times New Roman 12. No existe editorial en este caso. La editorial son los propios co-autores. Cada autor tiene la responsabilidad de revisar sus capítulos inclusive los gazapos gramaticales.

Dicho todo esto, la obra es de una inmensa calidad porque la información que se ofrece en la misma es el resultado del lema de Spanish Leadership que es TEAM:

Together

Everybody

Achieves

More

ÍNDICE

PRÓLOGO DE JOSÉ BALLESTEROS DE LA PUERTA

Cuando los españoles andábamos como locos con "Naranjito" y el campeonato mundial de fútbol en nuestra querida España allá por 1982, un estadounidense, licenciado por las universidades de Harvard, Cornell y Utah, de nombre John Naisbitt, después de diez años de investigación, publicó un libro que casi al instante se convirtió en un best-seller mundial, con más de 9 millones de copias vendidas en 58 países, permaneciendo en la lista de libros más vendidos del New York Times por dos años, casi siempre en el número 1. Su título: MEGATRENDS. Ten New Directions Transforming Our Lives. (Ed. Warner Books).

20 años después de su publicación, Chistopher Keese, en el Financial Times, escribió sobre este libro: "Una vez en cada década, a veces más a menudo, aparece un libro de economía que se convierte en un best-seller inmediato y cambia la relación de las personas con la economía. Sus predicciones fueron sorprendentemente precisas…"

El libro que tiene en sus manos, querido lector, es un libro que estoy convencido, puede cambiar nuestra relación con el instrumento que más ha modificado nuestras vidas y, ciertamente, el mercado en el que nos movemos, de manera más rápida, drástica y revolucionaria desde la imprenta: internet. Más concretamente, un sobresaliente jugador en este mundo virtual-real, **LinkedIn**, la mayor red profesional del mundo.

Curiosamente antes de ponerme a escribir estas líneas hablaba con una socia en nuestro negocio de redes y al preguntarme por el prólogo de este libro, me reconocía con absoluta humildad, que "buena falta me hace leerlo y aplicarlo porque, como muchos españoles, estoy pez en esto de internet y su uso en mi actividad profesional para sacarle partido".

John Naisbitt en su imprescindible libro antes citado, dedica el capítulo séptimo a las redes, su título, que en 1982 parecía ciencia ficción, es hoy una realidad cada día más consolidada: "De las jerarquías a las redes". En él dice, de manera extraordinaria por su simplicidad: "Las redes sirven para fomentar la autoayuda, para intercambiar información para hacer evolucionar la sociedad, para mejorar la productividad y la vida del trabajo y para compartir recursos."

Este libro, que ahora lee, es el perfecto ejemplo de esta realidad. Un libro escrito en red gracias a la colaboración de muchos profesionales que, teniendo éxito demostrado en sus carreras y de la mano de LinkedIn, ponen todo su conocimiento y "expertise" en compartirlo con todos nosotros para, en poco menos de 250 páginas, ayudarnos a, no sólo ponernos al día, sino darnos las claves para estar convenientemente preparados para sacar verdadero provecho de lo que ya no es futuro, sino presente más que probado y demostrado.

El mercado ha cambiado. No va a cambiar, ¡HA CAMBIADO YA!. Y sus reglas de juego también. Leer este libro le pondrá en una posición de extraordinaria ventaja para aprovechar la transformación de nuestro mercado profesional y anticiparse a los cambios por llegar.

Las reglas de la nueva economía y la nueva forma de trabajar tienen, en muchos sentidos, poco que ver con lo que aprendimos en la escuela y la universidad (he de decir con tristeza que incluso hoy en pocas instituciones docentes se enseña lo que sirve para el mundo real actual). Sirva una anécdota que me ocurrió hace muy poco al conversar con un empresario que me pidió formar a su equipo para que sean más felices y disfruten más de su día a día en el trabajo. De hecho fue simpático porque al preguntarle en qué quería que le ayudara me dijo: "quiero que sean tan felices como se te ve que tú eres, que tengan esa actitud ante el día a día". Conversábamos a cerca de los enormes cambios en el mundo actual y el mercado y en un momento dado me preguntó: "José, tú hablas mucho de "la nueva economía", ¿cuáles son las diferencias con la economía tradicional?". Le pregunté el volumen de facturación de su empresa y el número de empleados que tiene. Una vez me hubo contestado le dije, "mi empresa de nueva economía va a facturar este año, D.m., más del doble que la tuya y, a diferencia de ti, no necesito ningún empleado".

¿Por qué le cuento esto, amigo lector? Ciertamente no es para ponerme de ejemplo, ni por soberbia, bien sabe Dios que lo hago con un único fin, incentivarle a que lea este libro desde la humildad, como con tanto acierto indican el punto 7 y 9.1 de este libro:

Humildad en darte cuenta de tu retraso 3.0 te abrirá varias vías monetizadoras y **Humildad ante todo**, respectivamente.

Jorge Zuazola, el impulsor y ciertamente alma mater de este libro, al que agradezco de corazón su generosidad al pensar en mí para prologarlo, recuerda siempre un sabio consejo: "Si lees poco actuarás como muchos, si lees mucho actuarás como pocos"; él, ha querido regalarnos, trabajando magistralmente en red con extraordinarios profesionales, un libro que permita "leer concentrado" -por las pocas páginas del libro- y actuar para triunfar.

Ahora bien, note la segunda parte de la frase: ACTUAR. Hay que poner en acción lo que aquí son "sólo" palabras escritas, pues leer y estudiar sin llevar a la práctica, tiene más pecado que el que no lee nunca y por tanto no sabe.

Le animo, de todo corazón, a que lea con humildad y atención esta obra y aplique en su día a día profesional lo aprendido, para conseguir lo que lamentablemente pocos consiguen: ganar más, trabajando inteligentemente, que no duramente, para poder tener calidad de vida, tiempo y dinero a la vez.

Su nuevo amigo,

José Ballesteros de la Puerta

Conferenciante, Escritor y Empresario Network 3.0

Madrid, 6 Agosto 2015

https://www.linkedin.com/in/joseballesteros1

LIBROS DE JOSÉ BALLESTEROS DE LA PUERTA

-EL PUZZLE. Descubre el comunicador que llevas dentro. Ed. Actitud en Acción.

EL RETO. Cómo disfrutar la responsabilidad de tu propia vida. Ed. Actitud en Acción.

-EL MEJOR LIBRO DE AUTOAYUDA DE TODOS LOS TIEMPOS. Las claves del éxito están en el Evangelio. Ed. Actitud en Acción.

-EL SÉPTIMO SOBRE. Tu vida depende de tu diálogo interior. Ed. Actitud en Acción. De próxima aparición

CAPÍTULO 1

Por Jorge Zuazola

BIOGRAFÍA

Jorge Zuazola (1st)

Multilingual CEO.Sought-after leadership guru. Author of LinkedIn 500 million: Networked in or out ?

Frankfurt Am Main Area, Germany | Internet

Current	German Leadership, Primary Insight, LLC, SolomonEdwardsGroup
Previous	Cooper-Standard Automotive, Head, META Group
Education	Robert Kiyosaki school

Send a message ▾

500+ connections

English ▾ | in de.linkedin.com/in/jorgezuazolaleadership | Contact Info

Jorge Zuazola es el fundador de www.spanishleadership.com que él mismo define como una **triple I** en inglés (Internet Ideas Incubator o sea una Incubadora de Ideas por Internet). Español de 49 años, es doble licenciado en Ciencias Económicas y Empresariales por La Comercial de Deusto en Bilbao, Master en Business Administration por el City Business College de Londres y afiliado al Instituto de Auditoría Interna en Londres.

Tras licenciarse en Deusto Jorge tuvo el privilegio de ser de los pocos españoles que se beneficiaron de la beca COMETT de la CEE (hoy en día UE) y en 1990 trabajó 6 meses en la British Steel, la única siderurgia europea entonces privatizada por obra del liberalismo de Margaret Thatcher. Tras trabajar tanto en Londres como en Montreal regresó a Bilbao en Octubre de 1990 entrando a formar parte de KPMG pero su filosofía pro-anglosajona le llevó de regreso a Londres en Abril 1992 para comenzar su MBA en la City de Londres. Tras completarlo en Agosto 1993 empezó a trabajar en Iberia Londres pero rápidamente su pedigrí en el mercado londinense le llevó a ser buscado para Thorn EMI en los European Headquarters en Fráncfort.

Debido a la separación de Thorn y EMI, dichos headquarters se cerraron por lo que Jorge entró a trabajar en Septiembre 1995 en la sede central de Adidas en Alemania reportando al Vicepresidente de Auditoría Interna como parte de la estructura necesaria para sacar la empresa a bolsa. La salida a bolsa guiada por el Chief Financial Officer, de Adidas, un MBA de Wharton, llamado Pierre Galbois, a quien Jorge considera su mentor, marcó un hito en Europa por ser la primera en hacerse de acuerdo a las normas IFRS resultando en una cuadruplicación del precio de salida de la acción en bolsa en 12 meses. Allí tuvo el privilegio de ver como en España surgía en 1996 un auténtico líder y gestor llamado Benjamín Clarí (del que Jorge se confesa entusiasta admirador) porque desde que le conoció nunca tuvo ninguna duda de que Benjamín lograría grandes cosas en el mundo de la gestión deportiva.

Lo logrado por Benjamín Clarí de 1996 a 2005 confirmó la percepción de Jorge. Por eso Benjamín es el embajador de Spanish Leadership.

Tras su paso por Adidas, Jorge se mudó a Londres donde fue Gerente de Auditoría y Control de Fortune Brands, un gran holding americano que tiene intereses en el deporte como las marcas de Golf Titleist, Footjoy y Cobra. Posteriormente fue Vicepresidente de Auditoria de la empresa HEAD el fabricante de productos de esquí, raquetas y pelotas de tenis. Entre ambas empresas también tuvo su experiencia en Estados Unidos como Director de Auditoría Interna de la empresa consultora META Group, un consulting de tecnología que cotizaba en Nasdaq en Nueva York y que actualmente es parte de Gartner. Allí se familiarizó con el concepto de Retained Advisory Services (RAS) (que en español se traduciría como Servicios de Asesoramiento Exclusivo) a clientes como American Express, Bank of America u otro tipo de instituciones globales.

Jorge reside actualmente en Fráncfort, Alemania en función de su último rol como Controller Financiero para Europa en un proveedor americano de General Motors. Sin embargo debido a la bancarrota de esta empresa los proyectos de Jorge son actualmente de consultoría. Ya estando en dicha empresa un LinkedIneador norteamericano le ofreció formar parte de la Society of Industry Leaders de Nueva York en la empresa Vista Research que era parte de Standard & Poors y que ahora es parte de Guide Point Global. También vía LinkedIn opera como European Financial Contractor de Adams Harris una pequeña firma de Atlanta, y de Solomon Edwards, una firma de gran tamaño en EE.UU, donde se especializa en US GAAP, Sarbanes-Oxley y gestión de riesgos, así como consultor de Primary Insight LLC un leading provider de network services.

A nivel de Leadership como fundador de Spanish Leadership ofrece RAS a deportistas, empresas y entidades deportivas y también como uno de los expertos de LinkedIn en Alemania asesora a empresas para desarrollar sus redes de negocio hasta llegar a fundar German Leadership. Sin embargo de lo más orgulloso que está Jorge es de sus más de 16 años de entrenamiento de sistema de network marketing a través de empresas como Pronet, Internet Services y ahora Network 21 lo cual le ha permitido ser uno de los estudiantes más fieles del mundo de la escuela financiera de Robert Kiyosaki.

A nivel futbolístico Jorge está orgulloso de decir que es solo hincha del EFC (España Fútbol Club). Para él no existe más color que el rojo y amarillo. Jorge entiende que cuanto más progresen los equipos españoles en Champions (llámense Liverpool, Arsenal, Chelsea o Sevilla, Málaga y Valencia y no solo Madrid o Barcelona) mayores serán las opciones de que Vicente Del Bosque tenga un equipo altamente experimentado.

Una de sus mayores satisfacciones futbolísticas tras volver del Alemania-España de Viena fue el leer la unanimidad de la prensa alemana destacando que los 11 titulares españoles eran experimentados jugadores de la Champions League lo cual fue la clave del éxito de España. Por el contrario del once titular alemán solo había 4 titulares genuinos en Champions: Lahm Schweinsteiger Ballack y Klose puesto que ni Lehmann ni Podolski ni Metzelder eran titulares en sus respectivos equipos y el resto no eran jugadores regulares de Champions. Su idea de fundar Spanish Leadership.com surge de una serie de conversaciones y encuentros incidentales con Iker Casillas, Xavi Hernández, Carles Puyol y Andrés Iniesta en Bruselas en Octubre 2008 durante la disputa del Bélgica-España de fase clasificatoria para el Mundial 2010.

1. Iniciativa, concepto de liderazgo y modelos de monetización

1.1. Octubre 2008: La idea surge en un viaje Fráncfort-Bruselas-Fráncfort

En Octubre 2008 aproveché las vacaciones alemanas otoñales de las Herbtsferien parar irme a Bruselas a ver el Bélgica-España de calificación para el Mundial 2010. Mi objetivo era doble. Por un lado verificar in situ que lo que había vivido en el Ernst Happel de Viena el 29 Junio 2008 no era flor de un día y por otro lado pasearme con orgullo con mi bandera española por la capital de Europa Bruselas como campeón de Europa.

Estando en el hotel de la selección española para recoger mi entrada, de manos de las grandes profesionales que son Silvia Dorschnevora y Paloma Antoranz de la Real Federación Española de Fútbol, tuve que hacer mi tiempo de espera como todo el mundo. En este tiempo de espera me hice esta foto con los vascos españoles del equipo, Xabi Alonso y Andoni Iraola así como con Miguel Gutiérrez, fisioterapeuta de la selección que en Octubre 1984 me trató en la consulta del doctor Carlos Ruiz (ex delantero centro del Athletic de Bilbao y el Espanyol de Barcelona) de una recuperación de rodilla tras una operación de menisco que me llevó a dejar el fútbol por la Universidad pues no me operé del ligamento cruzado que tengo roto.

Iker Casillas se encontraba en un salón charlando con algún asesor. Tras acabar la charla nos saluda a un grupo de aficionados y dice en alto "Me voy a ver una película" Le digo ¿Tienes Internet para ver? Me contesta que sí. Y le digo ¿Te has visto ese video que hay colgado por ahí en el que salen los de tu pueblo de Móstoles con la camiseta de Móstoles a Viena? Me dice Iker "No ¿Cuál es? Le di el título que había visto colgado en Internet y me dijo lo veo (Iker es de Móstoles).

España ganó aquel día en Bruselas, cuando Don Andrés Iniesta nos deleitó con aquel golazo. Lo que no sospechaba yo es que al día siguiente me iba a topar con él en persona. Yo salía en un vuelo a Fráncfort sobre las 10.30 porque estaba de vacaciones. Y por lo visto Xavi Hernández, Carles Puyol y Andrés Iniesta ya estaban en la onda de maravilla de Pep Guardiola porque habían hecho noche en Bruselas para descansar y tomar el primer vuelo a Barcelona para llegar al entrenamiento del Barca.

Según paso el control de seguridad y metales en una de las multitudinarias colas del mal organizado aeropuerto de Zaventum de Bruselas miro a mí cola de la izquierda y veo un pitufo con pelo picho "engominadín" que resalta por no ser hombre de negocios. Me digo (no puede ser Xavi). El tipo andaba inclinado y con un montón de gente de corbata solo lo cual daba el cante. Volví a mirar tras dar unos pasos y cuando yo ya había recogido mi equipaje de mano, vi que era Xavi. Me di cuenta de que como habían estado 10 días en Estonia y Bélgica su maletón de equipaje de mano no era aceptado por seguridad. Así que salté a echarle un cable con el inglés porque le quitaban todo tipo de cremas que llevaba. Le dije a seguridad del aeropuerto quién era y que le tratasen bien.

Mientras esperaba a Xavi vuelvo hacia atrás a la cola donde yo había pasado y veo uno que en español tiene melenas. Le veo de perfil y que hace un gesto de enfado con tanto coñazo de control. Y es Puyol, cuando voy a acercarme a él casi empujo con mi tamaño a otro diminuto que va de traje sin corbata y que es Andrés Iniesta.

Le digo a Andrés, "primero enhorabuena por tu golazo y segundo gracias". Y me contesta como un caballero que está tímido hablando conmigo: "Muchas gracias". Me deja perplejo y mientras esperamos a Xavi los 3, nos hacemos dos fotos por separado con cada jugador. La seguridad se pone a gritar en inglés y se me echan encima. Pero yo solo me acelero cuando hablo español. En inglés no acepto lecciones. Me querían confiscar la cámara. Le dije a la tipa que saliese su manager o llamaba a la policía. Vino la manager. Le enseñé que tenía fotos en el estadio y con los jugadores en el hotel y que no iba a entregar mi cámara. Me pidió que borrase las fotos en esa zona de seguridad del aeropuerto delante de ella. Lo hice. Le mostré liderazgo y aceptó. Me dejó ir y Xavi ya venía hacía nosotros para subir las escaleras mecánicas.

Le digo a Xavi, "es que son muy estrictos". Me dice "joe macho aquí te miran todo hasta tu ropa interior". Le digo: "Hasta la cámara casi me quitan. Ahora nos hacemos una foto en la zona de arriba". Y le digo: "No he venido desde Fráncfort para estar avergonzado de vosotros osino orgulloso, voy a crear una empresa de liderazgo por Internet". Y Xavi me dio la primera lección de liderazgo, me miró a los ojos y me dijo ¿Sí? Y yo le expliqué que algo quería hacer. Que tras haber estado con 12.000 españoles (aquello parecía el Ernst Happel de Viena) venidos de Bélgica, Holanda, Francia, Alemania y hasta un autobús de Edimburgo, algo había que hacer por la gente. "¿No viste la pancarta de Gracias Campeones?" le dije. "Sí sí", me responde el tipo anonadado. Aquí las 2 fotos que me inspiraron: la foto con el trío estelar del Barca y la pancarta que alguien llevó al estadio.

El que nos hace la foto fue un belga que luego salió corriendo detrás de Puyol. No les había reconocido inicialmente pero luego le dijo Puyoooooooollllllll. Y era ejecutivo de empresa.

Después me fui a una sala de Frequent Flyer de Lufthansa y vi que el video que le había dicho a Iker había tenido visitas el día anterior. Hice un query en Internet y me dio BÈLGICA como último país donde se había visto el video más de 20 veces. Me di cuenta que los jugadores habían visto el video por orden de su capitán y líder.

Cuando escribí mi primer libro (LinkedIn 100 millones) quedaban aún más de 2 meses para el comienzo del Mundial. Ese libro no versaba sobre el Mundial sino sobre Liderazgo por tanto su publicación es independiente de tal evento. De hecho Ángel María Villar demostró su enésima dote de liderazgo confirmando a Vicente Del Bosque pasase lo que pasase. Así se hacen las cosas en los países serios dije en Abril 2010 en LinkedIn 100 millones. Y mira si acerté: Campeones del Mundo con gol de Iniesta. No obstante te dejo con un logo que es un montaje de Photoshop para que te reflejes en nuestros deportistas. Son unos líderes españoles. Emilio Sánchez Vicario me dijo que Feliciano López está encantado con Spanish Leadership pues les inspiró en la consecución de la cuarta Copa Davis en 2009. Como verás en la sección 1.2 todo es consistente.

1.2. La definición de liderazgo es sólo una simple frase

En una frase: Liderazgo es tratar con gente desde el principio hasta el final.

La mayoría de la gente en España equivocadamente diría que liderazgo es visión, coraje, credibilidad, determinación o incluso militarismo o política. En Spanish Leadership creemos sinceramente que liderazgo es, primero y sobre todo, tratar con la gente. Se trata de que los líderes sean capaces de liberar a la gente para que estos hagan lo que necesitan hacer en la forma más productiva y beneficiosa para ellos y para todos. Tú no te puedes llamar líder y no tener seguidores.

Los logros y enhorabuenas más grandes de un líder son sus seguidores y sus seguidores reflejarán el valor positivo y las misiones de un líder. Lógicamente lo opuesto es también verdad: Liderazgo defectuoso – por ejemplo la falta de integridad, que, tristemente, a menudo asociamos con los políticos de la España de hoy- se reproducirá por sí mismo en sus seguidores más defectuosos aún.

Esta es la razón por la que el logo de Spanish Leadership es en inglés, TEAM porque TEAM equivale a:

Together
Everybody
Achieves
More.

Si bien el logo oficial de Spanish Leadership está en portada, el logo antes mencionado en sección 1.1 solo saca a nuestros deportistas. Estamos orgullosos de ellos. Spanish Leadership es un triple iii (Internet Ideas Incubator o Incubadora de Ideas en Internet) en inglés. Tiene que ser en inglés porque tristemente la mayoría de los hombres mujeres de nuestro país piensan que ser fluidos en inglés no es un deber. Equivocadamente piensan que alguien vendrá y les pondrá una alfombra roja para ser fluidos en un inglés de buen nivel. Todos los que están asociados a Spanish Leadership son nativos españoles. Sin embargo como TEAM combinamos más de un siglo de experiencia internacional en Europa, Estados Unidos, Asia Pacifico, África y Sudamérica. Somos todos seriamente fluidos en inglés.

El Liderazgo es simplemente realizar acciones y motivar a los otros a hacer lo mismo. Contrariamente a la creencia generalizada en España, el liderazgo no es solamente tener una posición de trabajo para chorrear del mismo (y aclaro que la palabra chorreo la aprendí muchos años después de haber aprendido en inglés la palabra Spout y fue debido a un breve presidente del Real Madrid). La mayoría de la gente que está España no entiende (o no quiere entender) que las posiciones y los títulos de trabajo van y vienen. Las acciones y las relaciones son las marcas del verdadero liderazgo, y son las marcas que duran para siempre.

Sin la gente nunca puede haber liderazgo. La gente es el corazón, alma y espíritu de cualquier organización. Sin gente no hay necesidad de líderes. Los líderes son por tanto responsables de ver a su gente utilizar sus activos y cualidades. Son los que son responsables de la próxima generación de liderazgo. Tienen que concentrarse en lo que la gente se puede convertir no en lo que son en el momento presente. La función del liderazgo es producir más líderes, no más seguidores.

El éxito es una decisión. Tú puedes convertirte en el líder de los líderes si te adhieres al principio de que el crecimiento y el desarrollo de la gente es la cualidad más alta de liderazgo. Queremos españoles nativos, fluidos en inglés, que surjan como líderes en la arena mundial. En el campo de los negocios, deporte, investigación, innovación, caridad, y emprendedores entre otros muchos campos.

Tú decides si nos quieres seguir y ser un verdadero Spanish Leader.

1.3. El ser excelente es la antítesis del cainita y del mediocre

Dentro de mi amplísima bibliografía en la web de Spanish Leadership (mayormente en inglés salvo algunas excepciones en español) verás una referencia al libro El Ser Excelente del catedrático mexicano Miguel Ángel Cornejo. Es un libro que leí hace muchos años y que me he leído 2 veces. El Profesor Cornejo es un prestigiado conferenciante que ha convocado a miles de personas en conferencias en todo el mundo (España incluida) para escuchar sus conceptos de la Excelencia del ser humano.

Probando que creer en supersticiones es de un ser mediocre (y utilizarlas a toro pasado de cainita) el libro de Cornejo te da los 13 retos de la excelencia. No voy a parafrasear a

Cornejo porque te reto a que compres su libro y como español vuelvas a nacer mentalmente aprendiendo de un mexicano. Pero si te digo que en jerga española (me refiero de España en Europa donde se habla un castellano mucho peor que en muchos países de la América Latina, y se discute a todas horas con malos modos), Cornejo viene a decir que el Ser Excelente es:

1. El que hace las cosas y no busca excusas para no hacerlas
2. El que produce oportunidades para alcanzar el éxito
3. El que con una férrea disciplina forja un carácter de triunfador
4. El que se traza un plan y logra los objetivos sin importar circunstancias
5. El que dice en alto que se equivocó y propone no cometer el mismo error
6. El que se levanta con superación cada vez que se cae con un fracaso
7. El que desarrolla plenamente sus potencialidades
8. El que alcanza la realización trabajando diariamente (fines de semana incluidos)
9. El que crea algo: sea empresa, sistema, vida u otras cosas
10. El que es responsable de sus propias acciones libres
11. El que actúa contra la pobreza, la calumnia y la injusticia
12. El que eleva su espíritu y sueña con lograr lo que parece imposible
13. El que trasciende a nuestro tiempo legando a las futuras generaciones un mundo mejor

A sensu contrario Cornejo también hace un comentario sobre aquellos que se transforman los viernes para vivir plenamente el sábado y el domingo por la noche empiezan a morirse nuevamente, y el lunes van como zombis a la oficina arrastrando la cabeza deseando que vuelva a ser viernes por la tarde para reiniciar su transformación.

Para mí ese es el ser español cainita y mediocre hoy en día. Como verás en sucesivos capítulos tras comprar el dominio spanishleadership.com fundé un grupo del mismo nombre en la red de profesionales www.LinkedIn.com. Ahí tengo buenos amigos y asociados. Pero desgraciadamente abundan los quejicas, llorones y cainitas. Recibo desde finales del 2008 docenas de E-Mails (cuando no llamadas) diciendo "Jorge colócame, búscame algo fuera de España o en España". Esto me hace pensar que un ingeniero maño en Madrid que habla inglés, español y alemán mejor que yo tiene razón cuando habla de los paralelismos entre España y la India por el sistema de castas. No te ofendas. Es verdad esta observación. En EE.UU, Reino Unido, Alemania u Holanda lo de las castas no se tolera. En España ser hijo de es todavía un factor. Nunca saldremos adelante como país por esto (entre otras muchas cosas). Y digo salir adelante para ser el primer país de la tierra.

Fue esa actitud de unos cuantos no excelentes la que me ha llevado a escribir libros. Spanish Leadership no estaba ligado al Mundial 2010. Ya teníamos líderes consagrados como Pau Gasol, Rafa Nadal, Feliciano López, Emilio Sánchez Vicario, Lolo Sainz (te recomiendo su web aprendedeldeporte.com), Alberto Contador, Fernando Alonso, Iker Casillas, Fernando Torres, Xavi Hernández, Carles Puyol, Dani Güiza, Pepe Reina, Andrés Iniesta, Marcos Senna (lo cito como mejor jugador español en la Eurocopa para mi gusto y por ser el fundador de una fundación con su nombre contra el hambre y la pobreza, lo cual evidencia la excelencia a la que se refiere Miguel Ángel Cornejo) y tantos otros.

Si sigues quejándote, lloriqueando nunca llegarás a la excelencia de liderazgo.

1.4. Monetización: Un artículo ya ha generado más de 100.000 Euros

Este libro va de monetizar en el economic graph. Por tanto en mi tradicional sección 1.4 que es una especie de Gateway para que mis colegas abran todo su talento a partir del capítulo 2 tengo que ser práctico para que tu lector puedas entender la gran oportunidad económica que tienes en tus manos con LinkedIn.

El titular de esta sub-sección puede tener una cierta enjundia pero lo cierto es que en https://www.linkedin.com/today/posts/jorgezuazolaleadership tienes publicado con fecha 3 de Agosto 2015

Monetizar en red: Un artículo español genera 100.000 Euros de ingreso
https://lnkd.in/edUcfYH

Tal artículo era este de Mayo 2012 que explico en la sección 1.4.1

1.4.1   LinkedIn te da una leadership advantage en SEO que particulares y empresas no pueden ignorar.

Sin que suene a autobombo querido lector debo decir que estoy encantado con e-volution de El Norte de Castilla. Veo el artículo de Jesús Fernández Echevarría sobre Search Engine Optimization (SEO) y no puedo por más que congratular a su autor y al periódico. Vamos a ver si consigo aportar mi granito de arena.

Cuando tuve el primer training con Jan Vermeiren el gurú de LinkedIn en Bélgica en 2010 nos insistió mucho en este tema: LinkedIn como networking giant te permite dominar la Internet vía SEO si tienes una estrategia clara y das 12 pasos claros que son:

1. Manejar tu número de business intelligence en función del aging (fecha de entrada en LinkedIn) con el debido benchmarking sobre la network activity y el número de Grupos (un mínimo de 6).

2. Crear tu e-mail inteligente ex-profeso para LinkedIn y la correcta aplicación del professional goal sea para persona o para empresa.

3. Hacer la búsqueda de mercado estratificada como business intelligence sea a nivel de mercado desde el CEO al Jefe Departamental (en cualquier parte del mundo) o como individuo laboral. La intermediación es tiempo pasado.

4. Aprender el sistema 1, 2,3 de contactos aplicándolo a business intelligence y combinando todas las features. Cada palabrita en azul te da paso a una pantalla inteligente que hay que saber utilizar.

5. The power of LinkedIn es 2nd degree networking. Está en los libros de Vermeiren y en cantidad de videos YouTube. Spanish Leadership te patenta intelectualmente una nota de persuasión.

6. No solo es exportar contactos como en el punto 4 es también importar. Lo dice el libro de Hoffman que la tecnología es fundamental y el address book también.

7. La ecuación tu marca personal (empresa o individuo) de leadership incardinada en Grupos y URL. Tal y como dije en inglés en una entrevista de Febrero en EE.UU. con los que en 2006 escribieron el libro Rock the World con LinkedIn, en el mundo 2.0 la ecuación es leadership, network y LinkedIn.

8. El trilingüismo mínimo de URLs en Español, Portugués e Inglés. Muchos de los que vienen a la formación de Spanish Leadership no se habían dado cuenta de que su URL en Spanish la leía todo el mundo en castellano o que a sensu contrario su URL en inglés no salía en español. Además cada URL es una web con lo cual lideras SEO en Google y en virtud del punto 2 con el e-mail inteligente. Esto es exactamente lo que dice Jesús Fernández Echevarría cuando dice que "En España todavía hay mucha gente que no los conoce ni sabe qué hacen, pero cada vez más se les está asignando el valor que se merecen. La dificultad de su trabajo y lo especial del mismo hacen que estos profesionales en Estados Unidos lleguen a cobrar más de cien mil dólares al año.

Muchos hay que se hacen llamar SEO en España, pero pocos pueden todavía presumir de conseguir realmente resultados acordes a su trabajo. Es un mercado al alza y con poca competencia hasta el momento."

Lo clava mi amigo Jesús. Y si bien no cobro 100.000 dólares por SEO si puedo demostrar como aplico lo que dice Jesús que aprendí vía Vermeiren. Aquí la prueba:

- http://de.LinkedIn.com/in/jorgezuazolaleadership es mi perfil en inglés standard que ve todo el mundo a pesar de tener una de para Alemania.
- http://de.LinkedIn.com/in/jorgezuazolaleadership/es es mi perfil en castellano que se ve en mi nación y en todos los países de habla hispana, excluido Brasil.
- http://de.LinkedIn.com/in/jorgezuazolaleadership/pt es mi perfil en portugués que se ve en Brasil y Portugal.
- http://de.LinkedIn.com/in/jorgezuazolaleadership/de es mi perfil en alemán que se ve en Alemania, Suiza y Austria.
- http://de.LinkedIn.com/in/jorgezuazolaleadership/nl es mi perfil en holandés que se ve en Holanda.

Y seguirán otros perfiles en italiano, francés, etc… inclusive ruso y japonés. Es tener una web, una URL para cada mercado y al poner el e-mail LinkedIn/google tal que jorge.zuazola.consulting.LinkedIn@googlemail.com se domina Internet.

Si a eso se le suman webs de leadership asociados a perfiles LinkedIn se comprende que esto es business intelligence tal como se ve en www.spanishleadership.com y www.germanleadership.com a los que van a seguir American Leadership, Austrian Leadership, French Leadership y British Leadership. Y como recomienda LinkedIn en su Help Section el Grupo de LinkedIn tiene que tener el mismo nombre que la URL. Por eso en Spanish Leadership están los mejores ejecutivos nacionales tanto dentro como fuera de nuestras fronteras.

9. Tecnología Inmaps que LinkedIn pone a tu disposición y te visualiza tu red inteligente.

10. Foto: Los mejores casos a tu disposición. Todos pecan en mi país de corbatas y lejanías

de la cámara. Mi foto tiene truco porque estoy mucho más joven pero porque seguí las pautas de los gurús: pon solo tu cara.

11. Tu professional headline que no tiene nada que ver con tu ocupación actual porque eso ya sale en la búsqueda estratificada. Al contrario una professional headline incorrecta te hunde en el anonimato porque compites con el attention span (con n no con m, es algo diferente a spam) de 8 segundos.

12. Tu summary que tiene que ser 6-8 párrafos de 2 líneas cada uno respetando the all importante legibility factor y en todos los idiomas sea con contactos o sea con translate.google.com como hace Mike O´Neil el gurú norteamericano. El network en Internet crea riqueza tanto para empresas como para particulares. Es cuestión de verlo como mi colega Jesús Fernández Echevarría. Y si no se ve, para eso esta este vídeo:

Spanish Leadership lidera en LinkedIn creando riqueza para particulares y empresas
http://www.youtube.com/watch?v=QMxQh7d3tKA

http://e-volucion.elnortedecastilla.es/formacion/perfiles-profesionales-del-siglo-xxi/LinkedIn-te-da-una-leadership-advantage-en-seo-que-particulares-y

Y aquí tienes la tabulación de este método de 12 pasos aplicado a un cliente recientemente) a todo un Manager de Transformación Digital del BBVA). Verás que te salen 12 más otros 10. Eso es porque en el paso 1.4.2 te adjunto más detalles

MARCOS SONEIRA

Paso # y Concepto	Aplicación práctica
1 Segmentación del mercado con número de inteligencia de negocios 215.659.334	1.1 Director General y Emprendedor 1.2 Experto en Liderazgo y LinkedIn 1.3 Alto Ejecutivo Multinacional Líder 1.4 Político Gobernante de Primer Nivel
2. E-mail mágico para LinkedIn y Google y carrera profesional con objetivo	2.1 marcos.soneira.linkedin@gmail.com 2.2 El llamado "attention span" de 8 segundos 2.3 Harvard lo reduce a 3 segundos en vida real 2.4 LinkedIn es tu Primer Activo Digital 2.5 Google saca LinkedIn lo primero 2.6 Inserción en el extracto 2.7 Skype 2.8 Teléfono Móvil 2.9 Misión de Carrera Profesional 2.10 Tarea posterior (véase punto 12.2). 2.11 Inserción del training en el perfil
3. Muestra y estratificación de mercado vía la inteligencia de negocio	3.1 99% usuarios no estratifican. Pantalla clave 3.2 Código Postal es sólo el comienzo 3.3. LinkedIn crece a 215.000 nuevos usuarios al día 3.4 Madrid crece a más de 2.000 al día 1,3 millones casi 3.5 Más de 100.000 CEOs, Directores Generales, Presidentes y Gerentes 3.6 Estratificación por sectores. 10 minutos se ve todo lo que es investment banking y banking, Maravilloso

	3.7 Análisis muestra: Segundo grado es la clave
	3.8 Muestra se actualiza semanalmente. Hasta 3 son gratis
4. Profundidad de red por sectores y geografías (archivo CSV)	4.1 Exportar conexiones
	4.2 Windows (CSV) v Mac (VCF)
	4.3 requerimientos Captchas/Descargas
	4.4 Guardar carpeta propia Disco Duro
	4.5 Siempre formato.CSV (del inglés Comma Separated Value)
	4.6 Tarea posterior: Segmentar y hacer Clasificaciones ("Sorting") en base a la muestra de 3.7
	4.7 Training avanzado: CSV es la base para hacer crecer al grupo
5. El poder de LinkedIn no son los contactos de primer nivel sino los de segundo nivel: la pantalla de inteligencia de los grupos	5.1 Análisis de todos los grupos clave
	5.2 Error del 99%: Irse a debates a chatear o politiquear
	5.3 Miembros es igual que avanzado
	5.4 Búsqueda similar a avanzado
	5.5 La profundidad de la red: Estadísticas de la red (gráfico adjunto)
	5.6 El gran secreto de LinkedIn: Segundo Grado
	5.7 Mensaje de cortesía profesional
	5.8 Invitación con la marca Spanish Leadership
6. Importación de contactos v. inacción regalando mercado a la competencia	6.1 Módulo de Red: 3 submódulos
	6.2 Submódulo de añadir contactos
	6.3 Primero elegir la opción de cualquier correo electrónico
	6.4 CSV referido al Outlook de cualquier dominio
	6.5 Pre-importación del CSV en el email mágico
	6.6 Añadir contactos según icono de Gmail insertando email mágico
	6.7 Muestra saliente es un 10% de lo que puede ser
	6.8 Prueba evidente: Sección gente que podrías conocer
7. Ecuación de éxito en LinkedIn es leadership. Spanish Leadership y caso Philip	7.1 Antesala del curso de marca personal
	7.2 LinkedIn 2009: 55 millones de linkedineadores
	7.3. Enfoque Philips: Sector Medicina: Capital Conocimiento o Knowledge Capital
	7.4 Innovations in Health camino de los 100.000 miembros https://www.linkedin.com/groups/Innovations-In-Health-2308956/about
	7.5 Infraestructura de subgrupos https://www.linkedin.com/groups?subgroups=&gid=2308956
	7.6 Millones de Euros en ingresos y web creada como resultado http://www.getinsidehealth.com/
	7.8 Spanish Leadership antes que Philips https://www.linkedin.com/groups/Spanish-Leadership-1072317/about
	7.8.1 Mayor infraestructura de subgrupos https://www.linkedin.com/groups?subgroups=&gid=1072317
	7.8.2 Directamente a web 2.0 https://www.linkedin.com/company/spanish-leadership
	7.8.3 Líder en google
	About 139,000,000 results (0.46 seconds)
	Search Results
	spanish leadership FastestFox Refinements [x]

8.Trilingüismo mínimo de URL porque cada perfil es ya web 2.0	8.1 Privacidad y configuración 8.2 Evidencia que el número de perfil está ahí 8.3 Asegurarse perfil visible 8.4 Editar perfil público 8.5 Controlar como sales en Google, Bing, Yahoo! 8.6 Marca Personal
9. Configuración de Twitter	9.1 Privacidad y configuración 9.2 Feed de tu actividad: Mina de oro 9.3 Twitter 9.4 El Liderazgo del CEF UDIMA y Ignacio Anduiza
10. Idiomas y marca personal	10.1 Perfil 10.2 Menús en el segundo nivel visual 10.3 Error común de muchos usuarios: Poner en inglés sobre versión en español y viceversa
11. Foto	11.1 Tu cara y no tu corbata o tu blusa 11.2 Estudio 11.3 Blanco y Negro v Color 11.4 Old adage in business: You are always too old or too young for a position 11.5 Ejemplos de Madrid del punto 1 versus estos casos para comparar 11.5.1 Arquitecto de Burgos 11.5.2 Director General Vitoria 11.5.3 Emprendedor de Alicante 11.5.4 Alemana de recursos humanos
12. Titular Profesional y Extracto	12.1 Titular Profesional 12.1.1. Es lo que tu vales 12.1.2 Lo primero que capta google 12.1.3 Entre 3 y 8 segundos 12.1.4 Disponible v mostrarse desesperado, no dar pena a nadie 12.2 Completar con pautas: 10 párrafos de 2 líneas en tercera persona.
13 Un Grupo Genérico es un PBA:Powerful Business Asset o Activo Poderoso de Negocios	1.1 Los grupos hoy en día ya son abiertos 1.2 Los grupos cerrados son legado 1.0 o casos de éxito probados 1.3 Digital Tranformation 3.0 Leadership Grupo Principal a) Subgrupo 1 para Madrid Digital Transformation Leadership b) Subgrupo 2 Para Banking Digital Transformation Leadership como subgrupos, ideas propuestas
14 Cómo configurar un grupo abierto	2.1 Logo 2.2 Tipo de Grupo: Fundamental acertar 2.3 Resumen: 3 líneas. Enfoque historia de éxito 2.4 Descripción: Dimensión dual

	a) Párrafo inicial como resumen
	b) Párrafo con objetivos preferentemente numerado
	2.5 URL de la Web
	2.6 E-Mail Propietario de Grupo: E-Mail mágico
	2.7 Acceso: Admisión Automática
	2.8 Idioma
	2.9 Ubicación: No tocar
	2.10 Anuncio en twitter (múltiple para el CEF)
	2.11 Crear un grupo abierto
	2.12 Vamos al grupo CEF Alumni
15 Gestión del contenido de grupos con enfoque profundidad de red	3.1 Error 99% usuarios: Tablón anuncios
	3.2 Abrir el tópico evita errores
	3.3 Recomendar es capilaridad y profundidad de red: long lasting effect
	3.4 El Mágico botón de compartir: El secreto de oro de LinkedIn
	3.5 Compartir en LinkedIn. Tiene su técnica. Atraer tráfico
	3.6 Compartir en Twitter: Predeterminado
	3.7 Compartir en Facebook
	3.8 Avance de la concatenación del grupo con la página de empresa (véase paso 7)
16 Temática de grupo y frecuencia de contenido	4.1 Lo primero de todo Bienvenido y Presentarte: Esto genera clientes durante meses o incluso más tiempo
	4.2 Tópicos genéricos relacionados con tu grupo (p.ej. CEF)
	4.3 Preguntas abiertas son siempre siempre siempre súper efectivas
	4.4 Videos también pero no bien puestos te los lleva a promociones
	4.5 Hay que reconocer la contribución de usuarios: concatenación con la web 2.0
17 Gestión del archivo CSV de 500 en 500	5.1 Módulo de exportar contactos
	5.2 Se recomienda guardarlo en una carpeta en tu Directorio
	5.3 Primer nombre Ignacio Anduiza contactos globales.CSV
	5.4 Segundo nombre Ignacio Anduiza contactos para trocear.CSV
	5.5 Tercer nombre Ignacio Anduiza contactos 1 al 500.CSV
	5.6 Invitación vía archivo CSV entendiendo
	a) seleccionar
	b) cargar
	c) acabar de cargar
	d) enviar invitaciones
	e) contador de 0 a 500
	f) pre autorizados 0
	g) monitoring modulo invitados
	5.7 Frecuencia invitaciones: Semanal @ 500 es decir siguiente Ignacio Anduiza contactos 501 al 1000
18 Mensaje semanal del administrador o administradores	6.1 90% usuarios lo reciben al configurarlo así
	6.2 El grado de lectura es muy alto: Pueden estar leyéndote 24 meses
	6.3 Es un icebreaker: ayuda a vincularse que es el significado de LinkedIn
	6.4 Tiene que ser razonablemente corto pero no lacónico
	6.5 Tiene que tener un objetivo

	6.6 Tiene que tener unos enlaces 6.7 Videos ayudan 6.8 Follow up con la URL del que lo envía
19 Concatenación del grupo con la página de empresa con enfoque ventas	7.1 Todo debate en un grupo tiene URL corta y URL larga 7.2. Todas las URLs largas se mantienen históricamente: Módulo de búsqueda 7.3 Poner en página empresa URL larga 7.4 Foto sale si calidad de Internet estaba bien originalmente al subirlo a grupo 7.5 Compartir 7.6 Recomendar como administrador 7.7 El gran secreto: Recomendarlo desde el módulo de empresas
20 subgrupos: Estrategia por línea de negocio y geografía	8.1 20 subgrupos más grupo principal nos da el número mágico 21 8.2 Estrategia por línea de negocio 8.3 Estrategia por geografía
21 Capital humano: Hasta 200 personas para grupos, subgrupos, páginas de empresa y showcase pages	9.1 Si bien va variando pueden caber hasta 10 administradores por grupo 9.2 10 administradores por subgrupo @ 10 =200 personas. Se puede gestionar una empresa así 9.3 Cada página de empresa permite 5 administradores: Deben ser gestores de los grupos y subgrupos 8.4 Cada showcase page permite 2-3 administradores: Deben ser gestores de los subgrupos en base la estrategia de línea de negocio y geografía
22 El enfoque del ciprés de Ronald Stern y la facturación millonaria de Lewis Howes	10.1 Ronald Stern gurú por antonomasia en liderazgo 10.2 Su Marca registrada de Inteligencia Espiritual 10.3 Gestionar es como tener un ciprés en una tormenta: gestión sólida y segura 10.4 Lewis Howes es una gestión millonaria 10.5 La estructura de Sports Industry Network es un ciprés sólido y seguro como como se ven en estos 15 subgrupos https://www.linkedin.com/groups?subgroups=&gid=73802

Un training completo de estos se valora así

2. Horas @ 200 Euros nominales= 400 Euros

Menos 50% descuento pago anticipado = 200 Euros

Mas el barato IVA alemán 19% =38 Euros

238 Euros

El cálculo de los 100.000 incluye tanto los primeros 12 pasos por 119 Euros como aquellos que opten por 2 horas de salida por 238 Euros pero excluye el resto de los servicios aquí numerados a partir del 3

1.   12 pasos de inteligencia de negocios en LinkedIn

2.   Grupo como activo monetizador

3.   Página de Empresa como Marca Personal y Mecanismo de Ventas

4.   Modelo Estratégico de Ventas: Los 15 pasos de Internet Marketing aplicados a LinkedIn

5.   Modelo alemán de gestión del tiempo

6.   Modelo de goal-setting para crecimiento personal

7.   Modelo de control financiero para tu economía personal

Es decir que la facturación no se limitaba a 100.000 Euros, Quiero que lo pienses bien querido lector. Un simple artículo y un método que ha sido comprado por 400 clientes de los cuales unos 345 son clientes repetitivos y leales que también han comprado los servicios 3 a 7.

1.4.2   El éxito del caso Philips en LinkedIn v el cuestionamiento de Facebook por la BBC

Es muy posible querido lector que si tienes ya unas cuantas canas te acuerdes de la multinacional Philips por los televisores. Pero lo cierto es que hoy en día Philips obtiene más del 30% de sus ventas de las divisiones del cuidado de la salud, tan es así que muchos de sus esfuerzos de marketing B2B se dirigen tanto a los doctores como a personales de hospitales. Philips llevó a cabo investigación de mercado sobre los doctores llegando a la conclusión de que los doctores pasan mucho tiempo en internet porque aprecian la oportunidad de estar tiempo compartiendo ideas con profesionales y comunidades.

Con estos datos Phillips utilizó el gigante de la inteligencia de negocios, LinkedIn para obtener concluyentes datos: más de 5 millones de doctores estaban ya en LinkedIn. Fue entonces cuando su Director de Global Online Hans Notenboom http://nl.LinkedIn.com/in/jmnotenboom se dio cuenta de algo que tenemos interiorizado todos los expertos en LinkedIn: que no se pueden hacer grupos con la marca de la empresa porque el cliente se siente perseguido. Se trata de hacer grupos que permiten al cliente considerarlo parte de ellos mismos.

Y bajo ese concepto lanzaron el grupo bajo el nombre de Innovations in Health que está gestionado por el mismísimo Director de Marketing de la empresa Korstian van Wyngaarden http://nl.LinkedIn.com/in/kvanw. El grupo esta soportado por una web ad-hoc que no tiene nada que ver con en el nombre de Philips sino que se llama http://www.getinsidehealth.com. Además el grupo tiene ya 4 subgrupos gestionados por staff de la empresa Philips.

Y como empresa bien gestionada Philips no ha parado ahí sino que ha seguido con más grupos donde solo pone el logo de la empresa pero el grupo tiene otro nombre referido a la gente adulta, a ciudades sanas, a radiología, etc...

PHILIPS

Caring for an Aging Population.Join

PHILIPS
Creating Healthy, Livable Cities

PHILIPS
Innovations In Oncology,Join

PHILIPS
Innovations In Radiology,Join

PHILIPS
Innovations in Cardiology,Join

PHILIPS
Innovations in Light,Join

PHILIPS
Innovations in Marketing,Join

Se puede concluir sin ninguna duda que el equipo directivo de Philips no sufre de lo que hoy se conoce ya como Marketing Miopía en el mundo 2.0. En Spanish Leadership nos dimos cuenta ya en 2008 pues nuestro grupo http://www.LinkedIn.com/groups/Spanish-Leadership-1072317 está casi entre el primer millón de grupos mientras que Philips está mucho más atrás http://www.LinkedIn.com/groups/Innovations-In-Health-2308956 es decir más de 2,3 millones. Esto quiere decir que nunca es tarde si la dicha es buena.

Por contra estos días la BBC nos informa de que el me gusta (Like) y los anuncios de Facebook son cuestionados en cuanto a veracidad y eficacia. http://www.bbc.com/news/technology-18813237 No me sorprende. Sin dudar del éxito de Facebook el mensaje es muy claro: Facebook tiene muchas deficiencias tecnológicas de hábitos 1.0. Por contra el éxito de Philips evidencia el indiscutible liderazgo de la tecnología 2.0 de LinkedIn. Personalmente pienso que el valor estratégico de Marketing y Ventas de los Grupos LinkedIn es incalculable. Y Philips nos lo ha demostrado.

http://e-volucion.elnortedecastilla.es/actualidad-digital/el-exito-del-caso-philips-en-LinkedIn-y-el-cuestionamiento-de-facebook-por-la-26072012.html

A posteriori la propia LinkedIn ha creado un PDF en su sección marketing.linkedin.com con este caso de Philips como uno de los más relevantes de leadership thought. Yo lo único que tengo es compartir ese PDF y este artículo (**que ya está en mi sección de Pulse <u>Los 10 pasos de exito para monetizar tu grupo en LinkedIN</u> https://lnkd.in/eCM7C8f**) ha hecho el resto

Y así para cada uno de los 7 servicios antes descritos querido lector, tan es así que podría ocupar otras 20 páginas con tablas y artículos pero entonces este libro llegaría a las 300 páginas.

Es más, ya con Manuel Hidalgo Fundador de Saudi Arabia Leadership estamos traduciendo las tablas al inglés para internacionalizar los servicios.

En resumen que si tu aplicas estos principios de leadership

1. If you do not track something, you cannot measure it

2. What gets measured, gets managed (Peter Drucker)

Te darás cuenta que con simplemente hacer un tracking de tu conocimiento, plasmarlo en artículos, tabularlo y ofrecerlo a tus clientes, comienzas a monetizar y a ser reconocido tanto por el network 3.0 como por los antiguos medios 1.0 de prensa y televisión.

Jorge Zuazola, Frankfurt, 31 de Julio 2015

CAPÍTULO 2

Por Ronald C. Stern

http://www.LinkedIn.com/in/ronaldsternconsultants

Carlos Puig Sagi-Vela

http://www.LinkedIn.com/in/carlospuigfinancefreedom/es

Manuel Hidalgo

https://sa.LinkedIn.com/in/manuelhidalgosaudileadership

Andoni Gartzia Urtaza

https://es.LinkedIn.com/in/andonigartziabasquetechhublead

Ana Fragua González

https://es.LinkedIn.com/in/afraguasocialimpactleadership/en

Gabriel Asensi Viana

https://es.LinkedIn.com/in/asensicrecimientoempresa

Antonio Ruiz Rus

https://es.LinkedIn.com/in/antonioruizorientadorliderazgo/en

SECCIÓN 2.1

Por Ronald C. Stern

Ronald C. Stern

STERN INTERNATIONAL of Switzerland® - since 1980 -
Is your LEADERSHIP strong AND flexible at the same
time?

Madrid y alrededores, España | Consultoría de estrategia y
operaciones

Actual	SWISSLEADERSHIP.net, Spanish Leadership, STERN INTERNATIONAL of Switzerland
Anterior	GUSTAV KÄSER TRAINING INTERNATIONAL
Educación	GUSTAV KÄSER TRAINING INTERNATIONAL

Enviar un mensaje ▼

más de 500
contactos

es.linkedin.com/in/ronaldsternconsultants

Información de contacto

BIOGRAFÍA

Ronald C. Stern es Honorary Chairman de **STERN INTERNATIONAL of Switzerland,** Top-Management Consultants. Ha introducido en España la práctica del liderazgo y del coaching en 1980. Antes de Consultor fue Top-Manager de éxito: uno de los 5 CEO`s que **salvaron a la Industria Relojera Suiza** ante los ataques de los japoneses, y **LA CONVIRTIERON EN NÚMERO UNO MUNDIAL.** Es suizo, ha vivido en 12 países y domina 5 idiomas.

Stern también es campeón mundial de ventas. Empezó a vender después de su carrera de ingeniero superior de telecomunicación en Suiza. Primero en Olivetti Zürich, después en XEROX Suiza; en la cual se convirtió en <u>el mejor vendedor de Europa</u> y en el Director Nacional de Ventas más joven del mundo. En Xerox también colaboró en la creación y el desarrollo de XEROX LEARNING SYSTEMS (Rochester/USA – London/UK) y sus programas de entrenamiento de vendedores PSS (Professional Selling Skills, TPV en Español). Sigue manteniéndose como <u>Campeón Mundial de Ventas</u> de su anterior empresa, Gustav Käser Training International, de la cual se separó en 1999.

2. Pool de Expertos: Lo que el 3.0 representa en gestión

2.1 Pool de Expertos (Ronald C. Stern): Lo que el 3.0 representa en gestión.

Excusas = No las hay para un CEO. ¿Por qué?

Porque lo que hacen sus equipos es el RESULTADO de cómo trata a PERSONAS

¡El trabajo de un CEO no es decirle a la gente lo que tiene que hacer!
Si lo hace, solo confirma que ha tomado decisiones equivocadas.

Excusitis es la enfermedad del fracaso

El que tendría que irse es el CEO. Porque la empresa depende de la capacidad del CEO de rodearse solo de los mejores, y de darles crédito y confianza mientras no le demuestren lo contrario. CEO's desconfiados son un agujero negro que destruye toda ilusión. Un CEO no puede quejarse de su equipo, no puede buscar culpables cuando algo ha salido mal. EL CULPABLE SIEMPRE ES ÉL. Así se ahorra el tiempo para buscar. ¡No hay excusas!

Mi colega Jim Collins dice en su famoso libro "From Good to Great":

"La clave no es configurar un "Dream-Team" – eso no sería nada nuevo. La clave es lo que se hace PRIMERO. Y eso es SUBIR a las personas ADECUADAS al autobús y hacer que se bajen las no adecuadas. Y eso hay que hacerlo ANTES de decidir cuál va a ser el destino del viaje en autobús."

Tan importante es eso, que se me ocurre una cita del famoso compositor, arreglista y director de orquesta Quincy Jones: "A veces tengo que despedir al mejor músico de una orquesta. Por su personalidad disonante."

LA CLAVE DEL ÉXITO SON LAS PERSONAS <u>ADECUADAS</u>

Para que una empresa funcione como un equipo deportivo de alta competición, hace falta sinergia. Y eso requiere resonancia entre las personas. Sinergia no solo es sumar. Es multiplicar de forma exponencial. La función del CEO es saber elevar el espíritu de las personas. Lo que yo llamo "Inteligencia Espiritual"®. Es la clave del liderazgo, del que se habla tantas tonterías.

LOS ACCIONISTAS TAMBIÉN DEBEN SER LAS PERSONAS ADECUADAS

Eso lo decide el CEO.

Apple no repartió dividendos a sus accionistas entre 1995 y 2012. Porque no sólo opera con modelos de negocio, sino con un MODELO DE EMPRESA con una VISIÓN A LARGO PLAZO. Steve Jobs se ocupó de tener motivados a los accionistas entre 1995 y 2012. Si un CEO no sabe hacer eso, la empresa cae irremediablemente en el cortoplacismo y en la división, que es lo que hay, cuando no hay VISIÓN.

El ejemplo opuesto es la Banca Española. ¡Vaya vergüenza de pésimos gestores! – En 2009 recibieron nada menos que CIEN MIL MILLONES DE EUROS de su limpiabotas Zapatero, DINERO PÚBLICO, ¡mientras – el mismo año – repartieron unos pingües DIVIDENDOS!

Pero el tema no se queda ahí. ¿Por qué digo yo que son unos pésimos gestores? – Muy sencillo: reciben el dinero del BCE al 1%, te dan una hipoteca al 6,5%, es decir que tienen un beneficio bruto del 550%!! - ¡A pesar de un beneficio bruto que no tiene NADIE, del 550%, pierden dinero! – Son unos pésimos gestores. Ya sabemos porque dijo Zapatero que era la mejor Banca del mundo. Pero volvamos a la importancia de las personas:

El verdadero significado atroz de las siglas MBA

De lo que también se habla muchas tonterías, es del "trabajo en equipo". La clave no son los conocimientos, hoy commodity que se puede comprar o copiar. Todo esto gira en torno a paradigmas, actitudes y comportamientos, que son posibles de cambiar y mejorar, pero la mayoría de los directivos solo consiguen lo contrario. Razón por la cual el 80% del personal de las mejores empresas del mundo no está motivado y mucho menos comprometido. ¿Por qué?

Por la toxicidad de la nefasta "gestión" de MBA's, enseñada en las escuela de negocio, brazo armado de adoctrinamiento del mundo financiero. Su lema:

M   aximizar

B   eneficios

A   toda costa

Es lo que han enseñado a sus alumnos a lo largo de 30 años, aunque ahora lo nieguen.

Mi colega Henry Mintzberg – según mi opinión, después de la muerte de Peter Drucker, el Gurú más importante del Management del mundo - piensa que el actual estado, tanto de la práctica del Management como de su enseñanza, debe de preocuparnos profundamente. Y que, además, ninguna de las dos partes puede cambiar, sin que cambie la otra.

Mintzberg afirma que las clases convencionales de los MBA sobre-enfatizan la importancia de la **ciencia** en el Management, mientras que ignoran su **arte** a la vez que desprecian su **oficio**; dejando así una visión distorsionada de su práctica. Existe una urgente necesidad de volver a un estilo de Management más comprometido, que permita conseguir organizaciones más fuertes y no meras burbujas de su valor en bolsa. Es también una clarísima llamada a un cambio radical en el enfoque del desarrollo de los Managers. Deben de aprender en el ejercicio de sus funciones y de su propia experiencia, no de casos ajenos y caducados. Y necesitamos volver a integrar el arte y el oficio, tanto en el desarrollo de los Managers como en su práctica diaria.

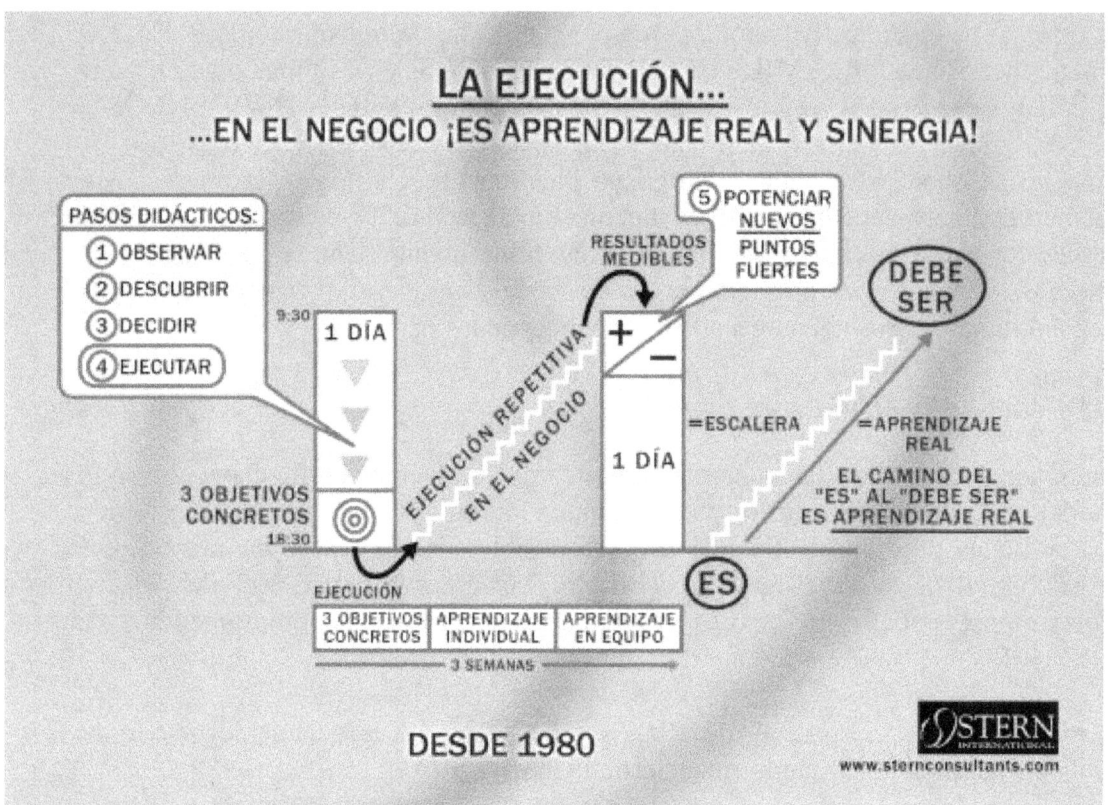

El Management no es ni una ciencia ni una profesión. Es una práctica que solo se aprende en su contexto concreto. Nadie puede dirigir "cualquier" empresa.

Mintzberg examina lo que no funciona en nuestro sistema actual. Es, en primer lugar, que los programas convencionales de los MBA están enfocados a gente joven con poca o ninguna experiencia. Las personas equivocadas. Y los programas que deben de desarrollarles, enfatizan el análisis y las técnicas. El camino equivocado. Y fabrican graduados con ideas equivocadas, creyendo haber sido preparados para actuar como Managers. Eso produce un efecto perverso, tanto en la práctica del Management, como en nuestras organizaciones y en nuestra sociedad global. Y eso son consecuencias equivocadas y nefastas.

Yo le añado: impartido por profesores universitarios que no tienen ni idea de la empresa real, ni han sido nunca directivos, ni empresarios con éxito. Una clara fórmula para el fracaso que ya vemos en el mundo empresarial: ¡recortar gastos y puestos de trabajo, en vez de trabajar con ilusión, visión, imaginación y, sobre todo, con RESPONSABILIDAD!

La falta de responsabilidad, ética y moral de muchos directivos 'MBA' de hoy no es más que la consecuencia de su total desconocimiento de lo que es la realidad y la verdadera razón de ser de una empresa. Aquel que ha realizado el típico programa americano 'Master of Business Administration' (MBA), da igual en que Universidad, llega en la peor de las condiciones posibles a un puesto de mando. El pensamiento crítico y la reflexión no tienen lugar en esas clases tan vulgarizadas en los últimos años, ya que eso no se plantea ni en sus teorías, ni en su 'vehículo' didáctico, el 'Estudio del Caso'; es decir el estudio de los mismos 'refritos' durante años en 'conserva' y utilizados sin innovación. El hambre de dinero de las Escuelas de Negocio ha sustituido hace mucho la búsqueda de sentido: el del verdadero sentido de la empresa, el del verdadero cometido de un Manager. Esas cuestiones se abandonaron hace mucho. A partir de ahí era suficiente hacer lo que estaba de moda.

Toda una generación perdida de Managers va a tener que reciclarse o apuntarse al paro.

En el núcleo de esas disfunciones creadas en los últimos años están dos paradigmas; dos nefastas 'enseñanzas': El primero, el 'Shareholder Value' (el valor para el accionista) y, el segundo, la cotización en Bolsa, los dos declarados como valores y objetivos máximos de la empresa. En un macabro triunfo global, estas dos perversiones mentales, han logrado penetrar las cabezas de muchos directivos, también las de los jóvenes. No por ser correctas. Sino por ser las únicas teorías del Management masivamente difundidas y disponibles en Inglés. Hay otras, mucho mejores, por ejemplo las de mi querido amigo Peter Drucker, recién fallecido, y que muchos directivos hoy desconocen.

Me atrevo a afirmar, que ninguna empresa bien dirigida puede ser gestionada con la doctrina del 'Shareholder Value' de forma sostenible. La doctrina del 'Shareholder Value' es el camino sistemático al fracaso. No importa en qué país del mundo.

Únicamente permite que lleguen personas a la cúpula de la empresa que, con criterios racionales, no hubieran llegado nunca. Personas incompetentes que luego solamente son capaces de mantenerse en el puesto con maniobras cortoplacistas. El mundo de la automoción lo demuestra: DaimlerChrysler (Schrempp) y el Grupo Vokswagen (Piëch) en Alemania. O General Motors en USA. Al borde de la quiebra. Pero todos no hablan más que de la reducción de costes y de eliminación de puestos de trabajo; manteniendo y aumentado sus ingresos millonarios como 'gestores'. ¡Un escándalo!

Esa gente mide la vida con el único criterio de la 'pasta', no porque sean inmorales o amorales, sino porque se lo han enseñado así en sus lecciones de MBA. Esas eran las enseñanzas 'ultimativas' que recibieron allí. Claro que tienen moral. La moral del reduccionismo económico. Un pensamiento nunca compartido por los verdaderos pensadores liberales como Hayek, Mises o Röpke y todos los fundadores del verdadero liberalismo económico.

La actual situación mental y material del mundo económico es fruto de la enorme frivolidad y de la falta de cultura y lectura de muchos (¿qué podemos pedir, si muchos directivos juzgan como libro excelente aquel que se titula 'quién robó mi queso'?). Estamos ante una interpretación errónea del liberalismo. ¡El verdadero liberalismo no exige supeditarlo todo al mandato de la Economía! – Pero lo que el liberalismo sí pide es ¡QUE CADA CUAL ACTÚE RESPONSABLEMENTE Y CARGUE CON LAS CONSECUENCIAS! – Y, ¡eso debe de valer sobre todo para Managers!

No es correcto predicar que el mercado es un sistema maravilloso. El mercado es un sistema defectuoso. Eso coincide con la experiencia de muchas personas. Su vivencia diaria con el sistema de mercado es brutal, implacable, inhumana e injusta. Esa es la realidad para ellos. Por eso no es aconsejable que directivos se pasen alabando las maravillas del libre mercado, aunque sea lógico que lo defiendan, porque no existe ningún sistema mejor. Eso está comprobado.

IBM publicó a mediados de 2010 su "Global CEO Study 2009", indicando que las mejores empresas del mundo adolecen de las siguientes graves disfunciones:

1. Falta total de liderazgo creativo
2. Pérdida de cercanía y respeto al cliente,

Como resultado de una encuesta global a 1'500 CEO's. ¡La gran mayoría de ellos no se consideraban aptos para resolverlo!

¡Lo que anunció IBM de manera rimbombante a mediados de 2010, lo habíamos publicado STERN INTERNATIONAL of Switzerland en 2001! – Como se nota que IBM ya no es ni la sombra de lo que era.

STERN INTERNATIONAL of Switzerland es experta en operar como SPARRING-PARTNER del CEO y su equipo, con el fin de desarrollar una CULTURA que no solo es fuerte, sino también FLEXIBLE y en la que los CAMBIOS – de los que los demás se quejan – son COHETE PROPULSOR PARA LA EMPRESA.

Toda una generación debe aprender a LinkedInear

Desde que tuve el primer training con Jorge Zuazola en Febrero 2012 ya he aprendido a LinkedInearme con sentido, como si esto fuese un CNI en business intelligence.

La primera medida ha sido fundar Swiss Leadership como puedes ver en mi perfil. Jorge Zuazola me manda el video de YouTube de LinkedIn salesforce. Es justo lo que le dije en cuanto llevábamos 15 minutos de training. LinkedIn es la clave para la fuerza de ventas. Y el CEO paleto tiene que salir de su management by cortijo.

Ronald Charles Stern, Madrid 31 Julio 2015

SECCIÓN 2.2

Por Carlos Puig Sagi-Vela

http://www.LinkedIn.com/in/carlospuigfinancefreedom/es

BIOGRAFÍA

Español de 51 años, **Ingeniero Industrial Superior** por la ETSII de la Universidad Politécnica de Madrid, y Diplomado en Ciencias Económicas por la UNED.

Soy **CEO** de **LEDIT (HFL Group)**, www.ledit.es, empresa especializada en proyectos de eficiencia energética en iluminación LED.

Fundador de **Nexus People** (empresa consultora de formación y selección), **Nexus4Trader** (dedicada al desarrollo de sistemas automáticos de trading) y **Deca Edge** (consultoría de desarrollo comercial y tecnológico).

Profesor del MBA y del Master de Recursos Humanos de ICADE (Universidad Pontificia de Comillas) desde 1991 hasta la actualidad. **Profesor del Master en Digital Business** en **The Valley**. Profesor de sistemas de trading en el **CEF**.

Comencé mi carrera como consultor en **Andersen Consulting.** Fui responsable de organización, RR.HH. y sistemas en **Ferrovial, Adeslas, Santillana y Meta4,** y Director de consultoría de la empresa **EDB4tel**, filial de la telefónica noruega **Telenor.**

En **Indra** fui **Director del Grupo de Empresas de Telefónica.** Fui responsable de la coordinación del equipo de oferta de los bloques de desarrollo y mantenimiento de aplicaciones de Telefónica, en España y Latam, con una contratación total de 180 M€. Fui **Director de los sectores de Telecomunicaciones, Media y Utilities** de **Vector**, filial del **Banco Santander.**

Participé como socio y directivo del portal de automoción www.motorflash.com. También fui miembro de la **red agencial de Bankinter** durante 4 años y **Vicepresidente de Intelectia Capital**, empresa española de hedge funds basados en trading algorítmico.

He vivido y trabajado en **Madrid, Barcelona, Sevilla, Vigo, Cádiz, Gerona, Chicago, Veldhoven (Holanda), Bogotá y Buenos Aires.**

Fundador del grupo de LinkedIn Technology 3.0 Leadership. Soy autor de los **blogs** www.bookideasblog.com y www.forexdinero.com y co-autor del libro **LinkedIn 200 millones: EL CEO se ha quedado obsoleto.**

Mis pasiones son conseguir ayudar a las personas a conseguir la **libertad financiera,** el **Béjart Ballet Lausanne,** el **Real Madrid, Bruce Springsteen** y la **lectura.**

2.2. Pool de expertos (Carlos Puig Sagi-Vela): Tú puedes ser una persona influyente 3.0

LinkedIn nos pone al alcance de la mano la posibilidad de poder influir, de convertirnos en "alguien", con una audiencia potencial de más de 400 millones de personas.

Es la primera vez en la historia de la humanidad que esto es posible. Y está a tu alcance.

Extraigo al respecto lo que me ha parecido más interesante del artículo "The Surprising Brilliance Of The LinkedIn Influencers Program" de Dharmesh Shah, fundador y CTO de HubSpot, artículo publicado en Pulse de LinkedIn en agosto de 2013.

Imagina que tienes algo importante que decir. Esto no debería ser demasiado difícil. Todos tenemos algo importante que decir.

Escribes un artículo.

Lo publicas.

En 48 horas has recibido más de 1 millón de visitas, y más de 500.000 personas deciden seguirte para que puedan leer tus siguientes artículos.

¿Suena como una fantasía? No es una fantasía si eres Bill Gates, que escribió un post en Pulse, y es una persona influyente en LinkedIn.

Ahora estarás pensando, bueno, eso está muy bien, pero claro, es Bill Gates. ¿Qué tiene eso que ver con la gente normal?

No se trata sólo de Bill Gates. David Kerpen, empresario y autor ha escrito uno de los artículos más populares en LinkedIn - ("11 Conceptos simples para ser un mejor líder", https://www.linkedin.com/pulse/20130128162711-15077789-11-simple-concepts-to-become-a-better-leader) - ha sido visto 2,7 millones de veces y "le ha gustado" a más de 27.000 personas, y ha recibido más de 7.400 comentarios. David Kerpen tiene más de 580.000 seguidores en LinkedIn.

Hay más de 500 personas influyentes que están escribiendo como parte de LinkedIn Influencers. Muchos de los cuales no son conocidos. No sólo se trata de empresarios multimillonarios o de políticos famosos.

A continuación, la lista de los primeros 15 influencers de LinkedIn ordenada por número de seguidores (datos de julio de 2015). El primero es Richard Branson (con más de 8,1 millones de seguidores), el segundo Bill Gates y el tercero Jack Welch, pero el cuarto es Deepak Chopra.

Influencers
Insights from top industry leaders

Richard Branson
Founder at Virgin Group

Bill Gates
Co-chair, Bill & Melinda
Gates Foundation
4,770,047 followers

Jack Welch
Executive Chairman, The
Jack Welch Management...

Deepak Chopra MD (official)
Founder, Chopra Foundation
4,122,097 followers

Arianna Huffington
President and Editor-in-Chief
at The Huffington Post Me...

Jeff Weiner
CEO at LinkedIn

James Caan CBE
Serial Entrepreneur and
Investor in People with...

Barack Obama
President of the United
States of America

Daniel Goleman
Author of A Force for Good

David Cameron
Prime Minister of the United
Kingdom

Guy Kawasaki
Chief evangelist, Canva

Gretchen Rubin
Bestselling writer about
habits and happiness..

Mark Cuban
President

T. Boone Pickens
Founder, Chairman and CEO
at BP Capital and TBP...

Katya Andresen
CEO at Cricket Media/ePals

2.2.1. El contenido original es importante

A principios de 2011 LinkedIn lanzó la plataforma de noticias sociales LinkedIn Today. Comenzó como un agregador de contenido que recogía noticias y artículos compartidos por sus miembros.

Simple, elegante, cómodo, atractivo... pero también limitado: LinkedIn Hoy agregaba contenido generado por otras fuentes. Así que en octubre de 2012 LinkedIn lanzó el programa Influencers (ahora rebautizado como Pulse), seleccionando "líderes de opinión" para compartir contenido original directamente con los usuarios de LinkedIn.

A partir de ese momento los usuarios no tienen que esperar a que Richard Branson hable con un periodista, a que Jack Welch aparezca en un panel o a que Arianna Huffington haga una entrevista por televisión. Branson podría compartir directamente sus pensamientos sobre por qué se debe tratar a su empresa como a una familia. Welch podría describir los seis pecados capitales del liderazgo. Huffington podría decirnos por qué los "Millenials" son una generación estresada en Estados Unidos.

Como se puede seguir a un influencer sin estar conectado con ellos en LinkedIn, los usuarios pueden leer, comentar, y compartir el contenido del influencer, extendiéndose aún más la naturaleza social de LinkedIn Today.

En menos de un año el programa Influencers se convirtió en una plataforma increíblemente poderosa.

Cada artículo promedio de un Influencer recibe más de 50.000 visitas, y algunos más de un millón de visitas. El 49% de las visitas proceden de nivel director y superior.

Según el CEO de LinkedIn, Jeff Weiner, "La mayor sorpresa para mí sigue siendo el gran volumen de compromiso, junto con la calidad y la cantidad de respuestas en la plataforma."

Pero los usuarios no son las únicas personas que se benefician.

A Dharmesh Shah le pidieron ser influencer en diciembre de 2012. Aunque era escéptico en un principio, y tenía muy poco tiempo al estar lanzando el crecimiento de HubSpot (su prioridad # 1) y estar atendiendo su blog, www.OnStartups.com, rápidamente llegó a apreciar por qué LinkedIn Influencers es tan especial. Veámoslo con sus propias palabras.

En primer lugar, está el enorme poder y el alcance de la plataforma. Cuando escribo en mi blog personal un artículo obtendrá unas 5.000-10.000 visitas, llegando a 50.000 visitas en casos extraordinarios.

He publicado 30 artículos en LinkedIn influencers y ¡el número medio de visitas es 123.000!

El artículo más popular que he escrito ha recibido 1,2 millones de visitas y 4.200 comentarios. Eso es algo embriagador.

Y también es divertido. Disfruto la oportunidad de escribir sobre una gama más amplia de temas. Obviamente, yo escribo sobre temas que son importantes para startups, pero también escribo sobre la construcción de una sociedad que amo, sobre marca personal, e incluso sobre temas muy amplios como el desarrollo de las personas.

Desde que formo parte de la plataforma me las he arreglado para ganar casi 500.000 seguidores en dos años y medio, ocupando el puesto número 49 entre los influencers más seguidos en LinkedIn.

Dharmesh Shah
Founder and CTO at HubSpot
495.674 followers

Por supuesto, no sólo es importante el número de seguidores. ¿Leen lo que compartes? ¿Comentan e interactúan?

Uno de los indicadores que utilizo para medir el compromiso de mis seguidores es el número de "clics" que tengo cuando publico una actualización de estado a mis seguidores de LinkedIn. Comparo esos clics con lo que me pasa en otras plataformas como Twitter y Facebook.

Aunque he tenido casi 3 veces más seguidores en Twitter, puedo obtener 2 a 3 veces más clics en LinkedIn.

En un ejemplo el LinkedIn CTR (Click Through Rate) fue del

0,7%. Para Facebook un 0,2%, y para Twitter sólo el 0,08%.

Estos no son ejemplos aislados. LinkedIn tiene siempre el mayor porcentaje de clics.

Además Pulse (LinkedIn Influencers) posibilita a todos comentar y responder a comentarios de cualquier otro usuario.

Según Bruce Kasanoff, "la sección de comentarios de los artículos de Pulse ha resultado ser la discusión de negocios más enriquecedora existente en cualquier sitio on-line".

Pulse es el perfecto esquema ganar-ganar para cualquier líder.

Además de ser autor como Influencer, también soy lector. LinkedIn Influencers me ha ayudado a encontrar contenido super-útil, tanto de la gente que conozco como de personas que no conozco.

Por ejemplo, yo soy un gran fan de Jeff Weiner (el CEO de LinkedIn). Le conocí hace años durante una visita a Silicon Valley, pero en una reunión de una hora es imposible exprimir toda su sabiduría.

Ahora, como LinkedIn influencer, Jeff Weiner escribe con regularidad. Es como si me pongo a mirar dentro de su cabeza y aprender lo que realmente piensa acerca de liderazgo y cultura empresarial.

Pulse me ayuda todos los días a encontrar personas y contenidos maravillosos, como es el caso del Dr. Marla Gottschalk, psicólogo industrial y organizacional, o Charles Best, un pensador líder en la intersección de la educación y la filantropía.

Pulse me permite encontrar rápidamente lo que la gente de mi red – a la que respeto - está leyendo, ayudándome a descubrir nuevas perspectivas e ideas valiosas.

En una evolución perfectamente lógica, **desde marzo de 2014 cualquier usuario que tenga su perfil en inglés puede publicar contenidos en LinkedIn.**

2.2.2. Mi experiencia personal en Pulse (LinkedIn Influencers)

A instancias del gran Jorge Zuazola, al que nunca le estaré suficientemente agradecido, publico mi primer artículo en Pulse el 9 de marzo de 2015. Es el siguiente:

https://www.linkedin.com/pulse/10-herramientas-%C3%BAtiles-para-teletrabajar-carlos

Este artículo recibe 40 visitas, 3 "me gusta" y ningún comentario.

Desde entonces he publicado un total de 56 artículos, que han recibido un total de **5.811 visitas** (104 de media por artículo), **354 "me gusta"** (6 por artículo) y 37 comentarios (0,7 por artículo).

https://www.linkedin.com/today/author/668700

El artículo más popular ha recibido **520 visitas** y 26 "me gusta". Es el siguiente:

https://www.linkedin.com/pulse/10-pasos-para-lograr-que-recomienden-tu-trabajo-carlos

Además tengo 14.625 seguidores.

Creo que es un gran resultado para apenas 5 meses de actividad en Pulse.

2.2.3. ¿Qué pasa si todavía no te has decidido a escribir en Pulse?

Mientras te decides a adherirte y a escribir en Pulse (te aconsejo que lo hagas cuanto antes), ¿cómo puedes aprovechar al máximo la plataforma?

1. Encuentra influyentes a seguir.

Una forma es navegar por la lista de todos los Influencers. Otra es revisar las actualizaciones y últimos posts de aquellos que te resulten más interesantes, los más comentados y visitados, etc.

2. Suscríbete a los canales temáticos.

Pulse ordena los artículos por temas, p.ej. Tecnología, Liderazgo, Salud. Suscríbete a los canales que más te interesen.

3. Colabora con Influencers.

Muchos artículos generan cientos de comentarios, y algunos han generado decenas de miles. A menudo los comentarios son mejores que el artículo original.

Todos los grandes artículos comienzan una gran conversación entre los usuarios y permiten debatir con otras personas que leen un post, así como con su autor.

Piensa en ello como una manera de crear a corto plazo grupos especializados en un tema muy específico, pero sin tener que encontrar o unirse a un grupo.

Sí: Brillante.

En menos de cinco años LinkedIn Pulse se ha convertido en el más increíble y poderoso agregador de contenidos valiosos on-line.

LinkedIn, además de crecer exponencialmente en usuarios y visitas, ha sido capaz de crear una experiencia personal para cada usuario, haciendo que el contenido, y los aspectos sociales de la página, sean personalizables a las necesidades de cada uno.

Es muy brillante.

Y está a tu alcance.

Actúa.

Haz algo.

Publica en Pulse.

Hoy.

Carlos Puig Sagi-Vela, Madrid (España), 31 de julio de 2015.
https://www.linkedin.com/today/author/668700
https://es.linkedin.com/in/carlospuigfinancefreedom
https://www.linkedin.com/grp/home?gid=4640359
https://www.linkedin.com/company/857799

SECCIÓN 2.3

Por Manuel Hidalgo

https://sa.LinkedIn.com/in/manuelhidalgosaudileadership

BIOGRAFÍA

Manuel se graduó como Ingeniero Químico en la Universidad Autónoma de Madrid, habiendo realizado posteriormente estudios de complementarios de postgrado en Ingeniería de Aguas y Medio Ambiente. Con 27 años de experiencia profesional en diversos sectores como las empresas de servicios públicos de agua y electricidad, construcción de infraestructuras, ingeniería y consultoría e industria, ha trabajado y residido en 9 países diferentes dirigiendo y liderando empresas, unidades de negocio, proyectos y equipos humanos en entornos multiculturales diversos.

Multilingüe y cosmopolita, ha viajado a más de 40 países en diversos continentes. En los últimos 15 años de su carrera profesional ha residido y trabajado en países del Norte de África, Oriente Medio, Europa del Este y Latinoamérica tales como Argelia, Arabia Saudí, Bolivia, Marruecos, Rumanía y Túnez, ocupando distintas posiciones en diversas empresas y ejerciendo asimismo como profesional libre. Esta experiencia le ha permitido adquirir un profundo conocimiento de la región MENA y del mundo árabe.

Organiza, dirige, y participa habitualmente en masters universitarios, cursos, seminarios, jornadas y conferencias relacionadas con el agua, el medio ambiente, las energías renovables, la expatriación y la búsqueda de empleo en el mercado internacional.

Manuel es fundador de *Saudi Arabia Leadership* y *Middle East Leadership*, cuyos objetivos son contribuir a la creación de conciencia y cultura de liderazgo responsable en las empresas y organizaciones saudíes y del medio oriente, proporcionando las herramientas necesarias a directivos y ejecutivos del país para ejercer como líderes en el siglo XXI. Asimismo, es fundador de *Spanish Leadership for International Business Development*, una incubadora de ideas en internet (3i) lanzado con el objetivo fundamental de promocionar el concepto y valores de *Spanish Leadership* en el desarrollo de oportunidades de negocio a nivel mundial, así como publicar libros y artículos de liderazgo como catalizador para acelerar el clima de negocios en España y en el resto del mundo.

2.3 Pool de expertos (Manuel Hidalgo): Lo que el 3.0 representa en gestión.

2.3.1 Introducción

"Es de bien nacido ser agradecido" dice un refrán español. Pues bien, lo primero es agradecer al maestro Jorge Zuazola el haberme invitado a participar en la redacción de este capítulo junto con gente de la talla de Ronald C. Stern, Carlos Puig Sagi-Vela, Andoni Gartzia, Ana Fragua González Gabriel Asensi Viana y Antonio Ruiz Rus. Es para mí un gran honor ser parte del Pool de Expertos encargado de escribir este capítulo y poder participar en la redacción de este nuevo y magnífico libro de Spanish Leadership, una vez más bajo el liderato del *master of masters* Jorge Zuazola.

También vaya por delante mi agradecimiento a Carlos Puig Sagi-Vela por su gran trabajo de edición, su paciencia y disponibilidad a la hora de responder a todo tipo de cuestiones.

Espero y deseo que mi humilde contribución, al igual que la del resto de autores del libro, sirva para que tú querido lector que tienes entre tus manos esta obra, puedas beneficiarte de la experiencia y sapiencia de sus contenidos. Es con este espíritu de servicio con el que participo en la redacción del mismo. Sólo de ti depende que aproveches los conocimientos de quienes lo escribimos. *For your success.*

2.3.2 Lo que el 3.0 representa en gestión

Estamos a 31 de julio de 2015 y la forma de hacer negocios y relacionarse con personas a través de internet ha cambiado definitivamente. Debemos ser lo suficientemente humildes como para reconocerlo y asumirlo, así como para conocer y reconocer también nuestras propias limitaciones técnicas que solemos tener en cuestiones de tecnologías y redes. Este es el primer y fundamental paso para entender de qué va la gestión 3.0

Pero antes empecemos por aclarar qué significa el concepto 3.0. "Web 3.0" es un término que fue acuñado en 2006 por *John Markoff* del New York Times para referirse a "una supuesta tercera generación de servicios basados en internet que colectivamente comprenden lo que podría llamarse "la Web inteligente", tal como los que utilizan semántica web, micro formatos, búsqueda natural del lenguaje, archivos de datos, aprendizaje automático, agentes de recomendación, y las tecnologías de inteligencia artificial, que enfatizan la comprensión de la información facilitada por las máquinas con el fin de proporcionar una experiencia de usuario más productiva e intuitiva". Esta es una definición muy académica y algo farragosa. Personalmente prefiero la de *Nova Spivack*, mucho más intuitiva y fácil de comprender, quien define web 3.0 como "inteligencia conectiva, conexión de datos, conceptos, aplicaciones y en última instancia gente". Es decir, se trata de la concatenación de las principales tendencias tecnológicas existentes con los datos, conceptos y aplicaciones disponibles a disposición de cualquier usuario. Todo ello permitiendo la interactuación con personas y el intercambio de información desde cualquier dispositivo fijo o móvil y desde cualquier parte del mundo en tiempo real:

La web 3.0 es socialmente construida y contextualmente reinventada, donde la tecnología es accesible desde cualquier lugar y en cualquier momento, el alumno puede enseñar al maestro, todos pueden aprender de todos. Es decir, el mundo 3.0 ha permitido una nueva forma de relacionarnos con lo demás de manera mucho más participativa y creativa como ilustra la siguiente imagen relativa a la evolución 1.0-2.0-3.0:

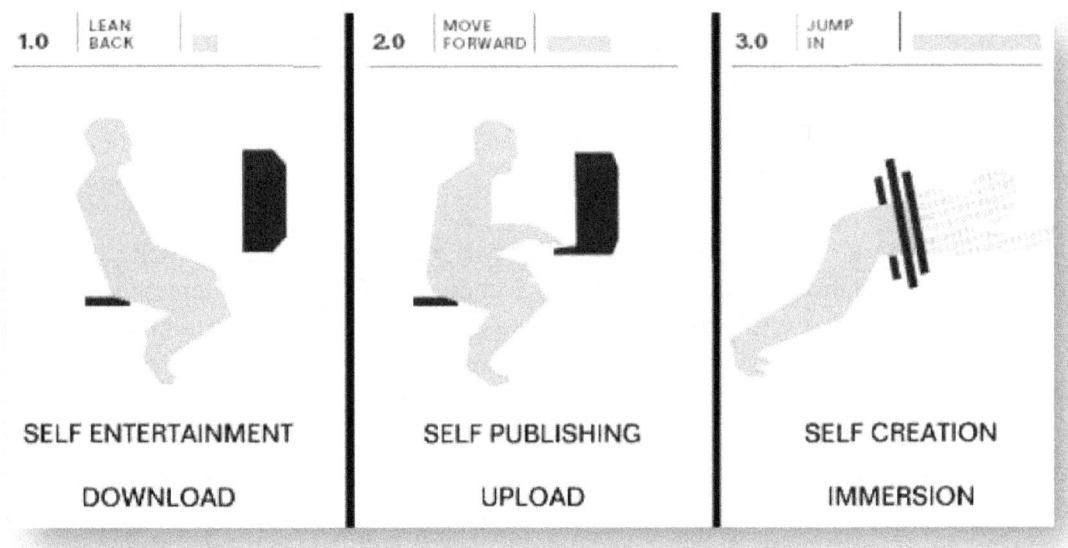

La imagen anterior viene a decir que hoy en día en el mundo 3.0 cualquiera puede convertirse en creador y editor de sus propios contenidos en internet siendo éstos accesibles a todo el mundo y posibilitando el interactuar con aquellos que los leen. Ello está permitiendo que todo aquel que así lo desee y se lo proponga pueda liderar en cualquier aspecto que domine. Esta es la gran ventaja del mundo 3.0: se puede saber quién sigue lo que publicamos y/o publicitamos, ya sean artículos, productos o servicios y se puede seguir a quienes publican o publicitan aquello que nos interesa. Y todo ello directamente y en tiempo real.

Todo lo comentado anteriormente dibuja un sinfín de posibilidades para hacer negocios en el mundo 3.0. Nunca antes hubo nada parecido. La economía digital permite crear empresas en internet que facturan millones de dólares. Por ello, empresas como LinkedIn junto con Facebook, Twitter, Amazon y otras muchas representan el milagro económico del siglo XXI. Es la revolución de la economía digital, la libertad económica llevada a su máxima expresión, el sueño americano hecho realidad a nivel mundial y puesto a disposición de los más de 7,000 millones de seres humanos que habitamos en el globo terráqueo.

2.3.3 Monetizar en el Economic Graph de LinkedIn

De nuevo es preciso explicar qué se entiende por el término "monetización" aplicado a la web. Y es la página *Webopedia* (http://www.webopedia.com/) la que en mi opinión mejor define este vocablo: "el término monetización se utiliza para referirse a la capacidad de generar un ingreso a través de un sitio web o un blog. La monetización puede provenir de programas de afiliados, del comercio electrónico, de los contenidos *premium*, de la publicidad o de cualquier otra forma de generación de ingresos". Es decir, monetizar es convertir en dinero los contenidos que publiques en el mundo 3.0

Sin duda ninguna, en el mundo LinkedIn 3.0 es, a través de su *economic graph,* el buque insignia de la economía digital que te permite monetizar sin moverte de tu sitio, estés donde estés y a la hora que sea. Está claro que cuando tú eres dueño y señor de lo que publicas (con los límites que marca LinkedIn), lo puedes seguir, controlar y monitorizar con las herramientas que el propio LinkedIn pone a tu disposición, a la vez que puedes interactuar con quien se ha interesado por los contenidos publicados. Esto permite que se abran ante nosotros inmensas posibilidades de realizar negocios nunca antes soñadas.

Precisamente tal día como hoy hace dos años LinkedIn nos obsequiaba con la entrada en el mundo 3.0 de facto a través de la creación de las *Showcases Pages* (páginas escaparate) y con los *Company Sponsored Updates* (actualizaciones de empresa patrocinadas), las cuales permiten crear contenidos fácilmente monitorizables y, por tanto, susceptibles de ser monetizados.

Si bien es cierto que sin una estrategia y unos objetivos claros y predeterminados no es posible conseguir prácticamente nada en la vida, esto es aún más patente en el *economic graph* en LinkedIn. Cuando se anuncia un producto o servicio en una página de empresa, se debe realizar un seguimiento sistemático y exhaustivo de quién o quiénes recomiendan lo que publicamos en nuestra página de empresa. Para ello LinkedIn pone a disposición las herramientas necesarias en la propia página en las pestañas "Analytics" y "Notifications":

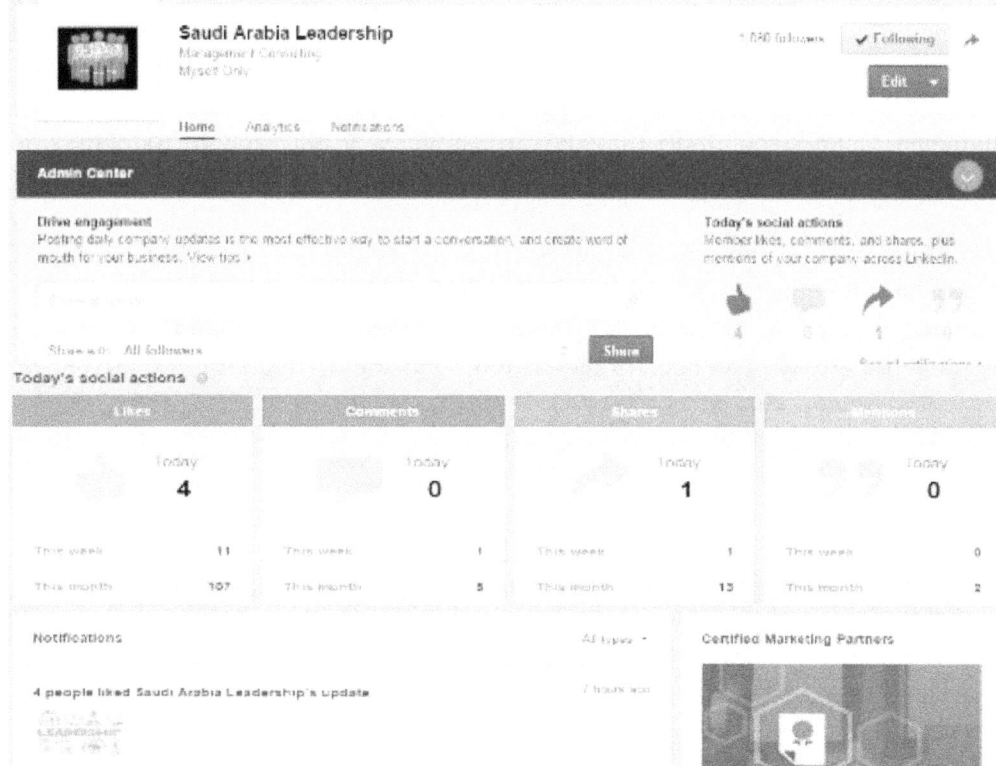

De esta manera podemos saber cuántos y quiénes se han interesado y recomendado lo que hemos publicado ("*like*"), qué tipo y cuántos de comentarios ("*comments*") hemos recibido sobre lo publicado y quiénes los han realizado, cuántas veces se ha compartido nuestra publicación ("*shares*") y quiénes nos han mencionado ("*mentions*"). Pero LinkedIn va aún más allá en el análisis de lo que publicamos, ofreciéndonos toda una serie de datos estadísticos que la convierten en una potente herramienta de marketing. Así, podemos saber el número de impresiones que nuestra publicación o actualización (*update*) ha tenido, el número de clicks en el contenido, el nombre o el logo de la compañía, el número de interacciones que nuestra publicación ha tenido (entendidas éstas como el número de veces que la gente ha recomendado, comentado o compartido lo publicado), cuántos seguidores se han ganado patrocinando cada *update* y finalmente el compromiso ("*engagement*") en porcentaje como cociente del número de interacciones, clicks, y seguidores ganados dividido por el número de impresiones.

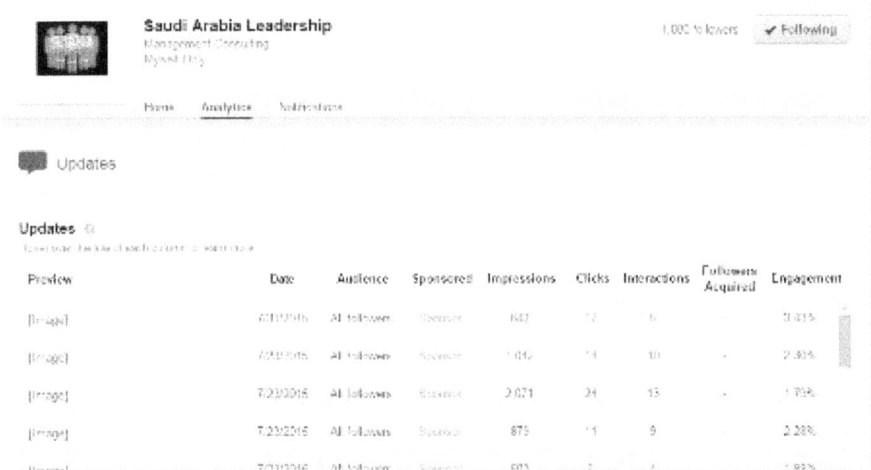

Si las actualizaciones que publicamos en nuestra página de empresa lo concatenamos con nuestro Grupo y los Subgrupos, la visibilidad de lo publicado es enorme, multiplicando las posibilidades de monetizar en el *economic graph*. Si, además, utilizamos Pulse como catapulta para promocionar nuestros productos, servicios o simplemente publicitar nuestro know-how, tendremos aún mayores posibilidades de monetizar en LinkedIn.

Desde mi experiencia como fundador de la página de empresa y del Grupo Saudi Arabia Leadership http://www.saudiarabialeadership.com/ he podido constatar cómo mi marca personal me ha situado en una posición de liderazgo en Arabia Saudí y en Oriente Medio. Mi perfil es ampliamente visitado por todo tipo de profesionales y ello genera todo tipo de posibilidades de negocio, algunas de las cuales se han materializado y otras están en proceso de maduración.

Por último, añadir que monetizar en el *economic graph* de LinkedIn no es necesariamente convertir en dinero lo que se publica. Es también conseguir una mejor posición y remuneración, subir de nivel en una organización, gestionar mejor los activos de conocimiento, el *know-who*, etc. Es realmente una suerte que contemos hoy con tal maravillosa herramienta que nos permite alcanzar la libertad financiera si nos lo proponemos. No dejes pasar esta oportunidad. Puede ser la mejor de tu vida.

Manuel Hidalgo, Al Khobar (Arabia Saudí), 31 de julio de 2015

SECCIÓN 2.4

Por Andoni Gartzia Urtaza

https://es.LinkedIn.com/in/andonigartziabasquetechhublead

BIOGRAFIA

Andoni Gartzia Urtaza

Sought-after Business Executive on Innovation&Technology. CEO NoomadBikes. Business Coach

Oñati, Pais Vasco, Spain | Sports

Current	Noomad Bike, Sports Business Network, Basque Tech Hub Leadership
Previous	American Leadership, Talentous, POLO DE INNOVACIÓN GARAIA S.COOP.
Education	Mondragon Unibertsitatea

View profile as ▾   **500+** connections

Posts

+ Write a new post   View stats

Published by Andoni (15)   See more ▸

Economía de la Hibridación I
May 29, 2015

Economía de la Hibridación
May 19, 2015

Experiencia de aprendizaje: ecosistema virtual en...
May 15, 2015

Persona curiosa, intuitiva y persistente. Desde los 25 años me preocupo de desarrollar mis habilidades, aumentar mis capacidades y cultivar mis amistades.

Emprendedor convencido y profesional de la gestión de empresas.

Licenciado en Ciencias Económicas y empresariales, Experto en Gestión de empresas Cooperativas, Coach Profesional y Mentor.

Fundador de Basque Tech Hub Leadership,
https://www.LinkedIn.com/grp/home?gid=4752186

CEO y Founder en NoomadBike, http://www.noomadbike.com/

En estos momentos mi pensamiento viaja a pedales, está integrado en mi vida y es mi pasión.

Bendita locura que me sirve de pértiga para avanzar y saltar todos mis obstáculos.

2.4. Pool de Expertos (Andoni Gartzia Urtaza): Lo que el 3.0 representa en gestión. Entre la economía de la hibridación y el marketing de contenidos

Estimado lector, *LinkedIn 4.0: Entre la economía de la hibridación y el marketing de contenidos* y mi experiencia en LinkedIn es de lo que va a tratar esta breve, pero espero que amena y provechosa lectura.

Hace ya algunos meses, que con la ilusión que caracteriza a todo un principiante, comencé a dejarme ver por Pulse, escribiendo para estar en forma y así estar preparado para la vida moderna.

https://www.LinkedIn.com/today/author/30113899

Particularmente interesante me ha parecido el trabajo sobre la *Economía de la Hibridación*, empresas cuyas competencias innovadoras radican en l*a capacidad de combinar lo mejor de al menos dos conceptos, productos, perfiles o áreas del conocimiento entre los que no existía hasta ese momento ninguna conexión reconocida.*

En definitiva, sobre cómo mezclar piezas hasta ahora aisladas puede generar soluciones disruptivas. A este fenómeno se le llama *"HIBRIDAR"*, y consiste en mezclar y reinterpretar conocimientos provenientes de diferentes ámbitos hasta ese momento inconexos, para generar productos, servicios y soluciones integradores y de valor añadido para el mercado y la sociedad.

"hibridar" no es combinar elementos o piezas de cualquier tipo. No estamos hablando de cualquier mezcla, sino de generar "conexiones improbables" entre elementos o atributos alejados entre sí, muy poco relacionados o que incluso parezcan incompatibles.
Explicado de un modo simple, la hibridación suele producir un "efecto-guau" porque en ella hay una gran dosis de sorpresa. Nunca es una mezcla predecible.

Es lo que me ocurrió cuando comencé a observar la gran ventana que se me abría en LinkedIn con *Pulse*. Aunque admito que tardé un poco, pensé que tenía que estar asomado constantemente en esa ventana, es decir, agregando mis contenidos, aprender a crear oportunidades, aprender a adaptarme con el aprendizaje y trasformar en valor la agregación de contenidos, convirtiéndose esa estrategia como el pilar sobre el que construir mi presencia en el mundo digital, y de paso, con mi expertise poder ayudar a otras personas, que como yo, no queremos quedarnos obsoletos.

LinkedIn como plataforma business inteligence, nos está diciendo que el mundo se está moviendo. Que los principios fundamentales de las leyes que rigen el marketing, la publicidad y las relaciones están sufriendo una transformación. Sus propuestas de valor para nosotros lo expresaban ayer mismo de esta manera:

Prima captar la atención de los públicos a los que nos dirigimos. Lo que ocurre es que la mayoría de las veces no lo conseguimos ya que no acertamos en ofrecerles aquello que buscan, contenidos que les interesen, bien construidos y bien resueltos.

Es decir, vivimos un cambio radical en un mundo en constante transformación.

Es por ello que LinkedIn es la plataforma ideal para, trabajándola, crear una estrategia y conseguir un buen posicionamiento online único y un marketing inolvidable, una ventana de aire fresco y un faro de luz para que tus clientes ideales te vean y te encuentran fácilmente.

Me he dado cuenta que las personas que realmente utilizamos y trabajamos LinkedIn como activo de valor, somos auténticos hibridadores que disfrutamos combinando nuestras capacidades, saberes y oportunidades, que mezclándolos adecuadamente, obtenemos buenos resultados.

Somos personas curiosas, sabemos escuchar y tenemos grandes dotes para la comunicación. Sin saberlo, hibridar se convierte en una actitud. Sabemos desplazar prioridades y nuestro mayor esfuerzo hibridador se da en la combinación ingeniosa de saberes dispares, utilizando inteligentemente nuestra red de contactos para hacer crecer nuestra empresa y/o nuestro branding personal.

Cuando me pregunté, ¿pero qué tengo/puedo contar?

Mi reflexión me llevó a realizar un plan de contenidos, que definiera mis objetivos, temáticas sobre las que escribir, palabras clave (keywords) a utilizar y aquellos contenidos que quería/podía promover. Contarlo y compartirlo era mi objetivo para que mi audiencia pueda seguirme y capte mis mensajes.

El cómo contarlo lo tenía claro: LinkedIn era mi plataforma, los grupos mi principal aliado y Pulse como estrategia de posicionamiento primando la calidad de los contenidos. El futuro se está escribiendo en LinkedIn, y me dije que tenía que ser de mi propio puño y letra.

Mi segundo reto fue, que con tanto ruido que hay ahí fuera, si no consigo emocionar un poco, rápidamente cambiarán de onda y frecuencia. Y me puse a escribir con una estrategia intencionada 3P:

> ➢ **P**romoción
> ➢ **P**royección
> ➢ **P**osicionamiento

Es decir, optimización de contenidos para los distintos segmentos de público que he elegido y los tengo a todos a mi alcance a través de las búsquedas avanzadas. Pero con esto no es suficiente, hacen falta alguna **P** más:

> ➢ **P**rever
> ➢ **P**lanificar

La constancia y el calendario semanal para publicarlos es muy importante, sin esfuerzos espasmódicos, sino constantes.
Finalmente, mi estrategia **MAME:**

> ➢ **M**edir,
> ➢ **A**nalizar y
> ➢ **ME**jorar.

LinkedIn nos provee de excelentes métricas para realizar este proceso de forma óptima.

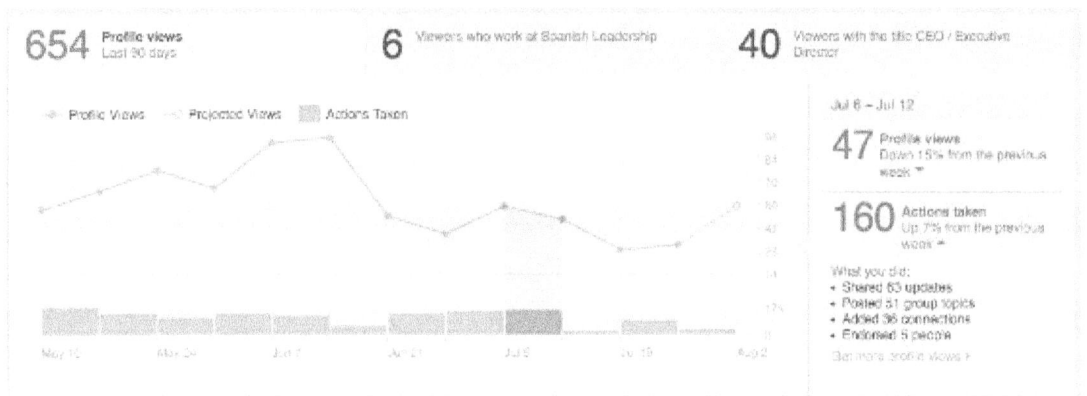

Y por último, me gustaría destacar que el contenido de calidad no solamente es producido para consumirlo sin más, sino para algo mucho más relevante, cual es el fomentar CONVERSACIONES y para que sean el inicio de una eterna relación. Construir engagement, es construir COMUNIDAD como en el exitoso caso de Spanish Leadership ya con más de 10.000 miembros https://www.LinkedIn.com/grp/home?gid=1072317

Mi experiencia en pulse significa que cuando cuentas buenas historias emocionas a la audiencia

Mi aportación final

5 Actitudes que os pueden ayudar a diseñar y construir vuestro futuro.

1. **Haz cosas diferentes**: la locura llega cuando persistentemente estás haciendo lo mismo queriendo encontrar resultados diferentes.
2. **Mantente firme en tus objetivos**: Si te llaman loco por perseguir tus sueños, demuéstrales que lo tuyo no tiene cura. El futuro pertenece a los que creen en la belleza de sus sueños.□ □
3. **Inténtalo sin descanso**. El fracaso más grande es nunca haberlo intentado. Sé curioso y tendrás éxito en la vida, se adaptable y harás del camino una aventura y sé persistente y estarás escribiendo una historia que inspirará a muchos.□ □
4. **Toma decisiones**: Allí donde hay una empresa de éxito, alguien tomó alguna vez una decisión valiente.□ □
5. **Busca oportunidades**: Allí donde otros ven problemas, busca tu oportunidad. Ama lo que haces. Si no lo has encontrado todavía, sigue buscando. No te acomodes. Como todo lo que es propio del corazón, lo sabrás cuando lo encuentres.

Andoni Gartzia Urtaza

https://www.LinkedIn.com/today/author/30113899

Sought-after Business Executive on Technology & Innnovation. Founder of Basque Tech Hub Leadership. Entrepreneur.

Andoni, Gartzia Urtaza, Oñati, 31 de Julio de 2015.

SECCIÓN 2.5

Por Ana Fragua González

https://es.LinkedIn.com/in/afraguasocialimpactleadership/en

BIOGRAFIA

Ana Fragua es empresaria y fundadora de www.socialimpactleadership.com, que ella define como la comunidad de miembros que tienen por misión explorar nuevos tipos de liderazgo, re-plantear y diseñar negocios de éxito, que respondan a retos sociales.

Ana utiliza *LinkedIn* para la relación, comunicación y acción comercial. Su misión es inspirar y entrenar a personas innovadoras, con voz en su sector, apasionadas por contribuir a la sociedad y medio ambiente, además de obtener beneficio económico de ambos. Personas que desafían los esquemas actuales de liderazgo y gestión empresarial. Que comprenden la interdependencia entre empresa y sociedad, lo que les lleva a repensar los productos/ servicios y las actividades clave del negocio, con el fin de que aporten al bienestar común e incluyan a sus stakeholders.

Más de 20 años de experiencia en empresas nacionales e internacionales, avalan su trayectoria como creativa, profesional del marketing y de la gestión empresarial.

En el año 2000 entra a formar parte del equipo de "Creatividad y Gestión de contenidos", de la División de Venta a Distancia y Comercio Electrónico de *El Corte Inglés*. Compagina este trabajo durante cinco años con su formación: "Master Executive en marketing Relacional, CRM y Comercio Electrónico" por el Instituto de Economía Digital (*Icemd- Esic*) y "Master en Data Base Marketing" por Federation of European Direct Marketing (*FEDMA*). Está especializada en "Customer Experience Management" (*Icemd-Esic*). En el año 2005 desarrolla marketing para el Grupo Internacional de Cambio de Divisas *Global Exchange*.

En 2007, crea la división de venta directa de una compañía del Grupo *Arco* (productor y exportador internacional de vinos). En 2008, obtiene un puesto como Hospitality Marketing Manager para la cadena *Haciendas de España* del mismo grupo. Desde 2013, ha creado la empresa *Me in WE*, con el objetivo de ayudar a empresas y fundaciones a convertir su proyecto en un modelo más competitivo e inclusivo, basado en trabajar el marketing 3.0, la gestión de la experiencia con sus stakeholders, la aportación de beneficio económico/social y la medición del impacto positivo que generan modelos más transparentes, democráticos, facilitadores, sostenibles, contributivos y humanos.

Además ayuda a empresas y profesionales a construir su estrategia de liderazgo a través de *LinkedIn*.

2.5. Pool de Expertos (Ana Fragua): Lo que el 3.0 representa en gestión

Y yo pregunto al CEO español:

¿Cuál es el grado de implicación de tus empleados al compartir en sus redes sociales, contenidos de tu compañía? ¿Cuál es el porcentaje de ajuste de CV´s de candidatos, a los puestos solicitados por la compañía? ¿Cuál es tu índice de marca de talento[1] (%)? ¿Cuánto gasta tu compañía en posicionamiento orgánico en buscadores, para atraer a tu público a tu web 1.0? ¿Qué porcentaje de seguidores tienes y en qué medida son seguidores cualificados? ¿Qué porcentaje de compradores frente a seguidores tienes? ¿Cuál es tu porcentaje de retención de clientes para el upselling y crosselling? ¿Cuál es tu índice de liderazgo de marca[2] (%)?

Cuando me entrevisto con un CEO y le explico lo que puede hacer *LinkedIn* por su compañía, primero intento convencerle de que esto NO es *Facebook* y de que mi figura NO es la de un *Community Manager*.

Le explico que *LinkedIn* genera oportunidades de negocio, en función de los objetivos que tenga trazados, -algunos de los cuales previamente he investigado-; ya sea para ampliar cuota, introducir los productos/servicios existentes en un nuevo mercado o un nuevo producto en un mercado existente/nuevo.

Le esbozo cómo puede liderar, comunicando sus valores, convirtiendo a sus empleados en embajadores de su empresa, interactuando y co-creando con sus diferentes audiencias.

Le pongo ejemplos de otras compañías internacionales que ya lo hacen con éxito. Incluso de alguna, que sea su competencia directa, si está en *LinkedIn* y lo hace bien.

Y le comento que mi ayuda, va en formato y rol de *Digital Thought Leader*[3], como asesora que traza junto con él/ellos la estrategia(s) adecuada(s), para que la compañía alcance sus objetivos.

Hace un año, me costaba mucho esfuerzo convencer y cerrar el acuerdo. Hoy, después de la entrevista, el 90% de los CEOs esperan mi propuesta económica.

2.5.1. Integridad de marca + co-creación + comunidades = gestión 3.0

LinkedIn es un escenario privilegiado para la gestión 3.0 porque:

---

[1] Índice de Marca de Talento (%) = implicación con la marca de talento(*) / alcance con la marca de talento (**).LinkedIn Talent Solutions
(*) Implicación con la marca de talento.
Consigues implicar a los profesionales con tu marca de talento cuando: Hacen búsquedas en tus páginas de empresa o de empleo, Siguen a tu empresa, Consultan tus ofertas de empleo y envían candidaturas.
(**) *Alcance con la marca de talento.*
Consigues llegar a los profesionales con tu marca de talento cuando: Consultan los perfiles de tus empleados, Conectan con tus empleados en LinkedIn

[2] Índice de Liderazgo de marca(%) = implicación con la marca (*) / alcance con la marca de liderazgo (**) LinkedIn Talent Solutions
(*) Implicación con la marca.
Consigues implicar a sale leads con tu marca cuando: Hacen búsquedas en tu página de empresa. Siguen a tu empresa. Consultan tus productos- servicios y terminan comprando o cierran acuerdos
(**) Alcance con la marca de Liderazgo.
Consigues llegar a los profesionales con tu marca de Liderazgo cuando: Consultan los perfiles de tus empleados y conectan con tus empleados en LinkedIn. Recomiendan y viralizan los contenidos que publica la compañía en LinkedIn

[3] http://www.forbes.com/sites/ekaterinawalter/2013/12/17/2014-digital-trends-and-predictions-from-marketing-thought-leaders/

- Ofrece oportunidades de crecimiento profesional para todo el mundo a escala global. A través de la conversación y el cierre de un acuerdo de negocio, un puesto de trabajo o la venta de tu producto o servicio...
- Es un exponente claro de la era de la "participación" en la que vivimos. Como dice *Bryan Kramer*, "There is no more B2B or B2C: It's Human to Human, #H2H [4]".
- Se reinventa constantemente e introduce mejoras tecnológicas, en base a las necesidades funcionales, emocionales y espirituales de sus usuarios. Siempre está en "modo Beta".
- Permite persuadir, atraer y establecer un romance con tus audiencias, si tu estrategia es buena y eres consistente en la misma.
- Es una plataforma perfecta para crear modelos de negocio basados en *Network Marketing*, en la cual tu consumidor es a la vez productor, creador y comunicador.
- Es el lugar idóneo para probar la pista de tu magnífica *startup*, siempre que hayas seguido a Osterwalder[5] y a Steve Blank[6]. Para encontrar *early adopters* e inversores, que apuesten por tu proyecto y te ayuden a mejorar.
- Es la mejor herramienta para tu fuerza de ventas, esté donde esté; ¡en cualquier lugar del mundo!

Si has leído "Marketing 3.0" de *Philip Kotler*[7], te habrás dado cuenta de que *LinkedIn* representa lo que explica este libro; las múltiples posibilidades de mostrar el liderazgo de tu compañía, a través de los valores.
Enseñando y compartiendo la **integridad de tu marca** a través de un grupo y los subgrupos que adhieres; trasladando contenido a tu web page 2.0, consigues impactar y atraer, tanto a nuevos talentos para tu empresa, como a nuevos clientes y socios.

Gracias a los grupos en *LinkedIn*, puedes **crear comunidades** de profesionales que comparten tus principios emocionales y racionales. Puedes segmentar también, a través de una estructura de subgrupos, nombrando administradores que lideren e inviten a su propia comunidad.

Las páginas de empresa y *showcases*, son un repositorio del contenido de valor que aportas en tu grupo. Te permiten persuadir, atraer y enamorar a aquellos(as) que se muestran más proactivos con lo que tu compañía crea.
También puedes segmentar a tus públicos mediante la prospección de *leads* con búsqueda avanzada, llevándolos hacia tu *web page* en *LinkedIn*...

El 3.0 del que hablamos, no se queda sólo en la interacción; pues implica a su vez **co-creación**. Detectar mejoras en los productos y servicios que tú creas, a través de la opinión y emociones que generan en los consumidores. La conversación, colaboración y el compartir hacia su red, demuestran que la vida de tu marca está en manos de tu cliente y en el *Word of mouth (WOM)* que todo ello genera.

2.5.2. Plataforma de marca profesional en LinkedIn= Perfil + PULSE

Me produce cierta tristeza, cuando en España veo eruditos sin la humildad de reconocer que no lo están haciendo bien en *LinkedIn*, a pesar de saber que no obtienen resultados. Por eso

---

[4] BRYAN KRAMER. *Shareology: How Sharing is Powering the Human Economy*. Paperback – July 14, 2015

[5] ALEXANDER OSTERWALDER. *Diseñando la propuesta de Valor*. Ed. Deusto. 2015

[6] STEVE BLANK. *The Startup Owner's Manual: The Step-by-Step Guide for Building a Great Company*. Ed.K&S Ranch Press 2014

[7] PHILIP KOTLER. *Marketing 3.0. Cómo atraer a los clientes con un Marketing basado en Valores*. Ed. LID. 2013

intento convencer a algunas personas de que es un error auto-swamearse[8] versus suicidarse, a través de los grupos y la *home page*.

Como líder del grupo *Social Impact Leadership*[9] en *LinkedIn*, tengo la confianza de que su filosofía y objetivos encajan en los modelos de gestión, marketing y ventas 3.0. También tengo que dar paso, a actualizaciones/ *updates* de algunas personas, que llevan a cabo estrategias 1.0 para conseguir sus objetivos. Personas que intentan vender sus libros, ponencias o nuevas metodologías, insertándolas indiscriminadamente en grupos. Personas que no abanderan ningún concepto de liderazgo y anteponen su nombre y apellidos y su marca comercial, a su área de actuación; y claro, a no ser que te creas el nuevo *Nelson Mandela* o el actual *Barack Obama*, *Richard Branson* o *Jack Welch*, nadie te recuerda salvo:

- Que tengas un perfil diferenciador que muestre tu concepto y supere el filtro de atención que está actualmente en 3 segundos.
- Que conviertas tu perfil en una plataforma de marca profesional, generando una masa crítica de seguidores a través de las publicaciones que hagas en PULSE.
- Que interactúes con tu audiencia en público y en privado y consigas así nuevas oportunidades de colaboración o venta.
- Que cumplimentes todo ello con tu página de empresa/showcases en *LinkedIn*, como destino de tu público, en la que muestres actualizaciones, productos o servicios y cierres la venta.

2.5.3. Liderazgo en el sector, en los productos/servicios y en la organización

Lo que importa son los resultados y lo demás son excusas. Prueba en *LinkedIn*. Ponte un plazo; en un periodo medio de seis meses, si trabajas una buena estrategia y eres constante, tus números mejorarán, en tu marca empleadora, desde el prisma organizacional o como marca de liderazgo en el sector y en tus productos/servicios.

Crea indicadores para medir el éxito de tu marca global:

- Grado de implicación de tus empleados con la compañía
- Ajuste de perfiles de *LinkedIn* a los puestos solicitados por la compañía.
- Índice de marca de talento (%) e índice de Liderazgo de marca (%).
- Porcentaje de seguidores frente a seguidores cualificados y porcentaje de compradores frente a seguidores…

Cuando midas y compares el antes y el después con el manejo profesional de *LinkedIn*…
cuando veas los resultados, querrás llegar cada día a más gente en todo el mundo.

Ana Fragua, Salamanca. 27 de Julio de 2015

---

[8] https://www.LinkedIn.com/pulse/20140715184048-19239802-LinkedIn-the-ultimate-bully-a-true-story-about-swam

[9] https://www.LinkedIn.com/grp/home?gid=5100195

SECCIÓN 2.6

Por Gabriel Asensi Viana

BIOGRAFIA

Gabriel es un experto en productos de Gran Consumo, le avala una experiencia de más de 20 años en el sector de la distribución donde ha tenido la oportunidad de colaborar con las multinacionales del sector más prestigiosas del mundo como Heineken, Coca Cola, Pepsi o Red Bull entre otras.

Tras su dilatada experiencia en la introducción de productos en el mercado, decide ponerse en el lado del consumidor y trabaja en empresas de marketing donde aprende a escuchar al consumidor final y adquiere la experiencia de qué necesita el consumidor, y como acercar el producto a éste para que lo consuma.

Master en Administración y Dirección de Empresas por la Escuela Internacional de Negocios CEREM y varios cursos de Gestión Empresarial de la Universidad Europea CEES de Madrid. En el año 2009 se incorpora en la empresa Veracetics. Empresa de base tecnológica, dedicada a la investigación de nuevos extractos vegetales y su aplicación en productos de consumo diario, donde ejerce la función de desarrollo y expansión de la compañía, cosechando un gran éxito, haciendo de esta empresa un referente europeo.

En 2012 funda Aspar Consulting, desde donde, con sus socios, tratan de aplicar todo lo aprendido en sus carreras profesionales y ayudar a pequeñas y medianas empresas a convertirse en referente de sus respectivos sectores.

En Octubre de 2012 funda Madrid Business Leadership, desde donde se pretende impulsar la nueva revolución económica y financiera que ayude a las empresas a salir de la crisis.

Actualmente nuestra empresa Aspar Consulting forma parte de un Join Venture con la empresa Naturae et Salus y Bencaloe desde donde se está desarrollando el mayor proyecto de transformación de Aloe vera y otros extractos para consumo humano de Europa.

Sus grandes pasiones son su mujer y sus hijos, disfruta y vive en primera persona la pasión de la Fórmula 1 y el sufrimiento innato del Atlético de Madrid.

2.6. Pool de Expertos (Gabriel Asensi Viana): Lo que el 3.0 representa en gestión

2.6.1. El Economic Graph de LinkedIn

Antes de empezar con este pequeño capítulo, creo que sería bueno que hablásemos de qué es eso de lo que se habla tanto y que se llama el "Economic Graph" de LinkedIn y que está siendo y será la gran revolución en el mundo de los negocios.

En el año 2012 el CEO de LinkedIn Jeff Wiener establece un objetivo que es crear un "gráfico económico", un mapa digital integral de la economía mundial y las conexiones dentro de él.

Este gráfico económico será construido dentro de la plataforma actual de LinkedIn con todos los nodos de datos, incluyendo empresas, puestos laborales, habilidades, oportunidades, voluntariado, instituciones educativas, etc. Aspiran a incluir todas las ofertas de empleo en el mundo, todas las habilidades necesarias para conseguir esos puestos, todos los profesionales que pueden postular a esos puestos, todas las empresas, etc. El objetivo final es hacer el mundo de la economía y del mercado de trabajo de manera más eficiente, con mayor transparencia y mucho más accesible.

Este objetivo ha llevado a desarrollar una serie de funcionalidades dentro de la plataforma como la estratificación de búsqueda, que aunque ya existía se ha completado con más filtros y más exhaustivos y versátiles.

Bien, ya sabemos cuál es este nuevo "escenario 3.0" en el que nos vamos a mover a partir de ahora y si simplificamos toda esta verborrea podemos decir que es un lugar donde se van a integrar todas las empresas, todos los trabajadores, todas las ofertas de empleo, todos los centros educativos…. etc. que quieran estar, por supuesto.

Con esta gran plataforma tenemos una ventaja, hemos eliminado barreras, hemos eliminado fronteras y puedo llegar donde antes me era muy difícil por tiempo, por imposibilidad de desplazamiento, costes, etc. pero me encuentro con otra gran barrera y es que como yo hay MILLONES, como mi empresa hay MILES en este gran Economic Graph.

¿Solución?

Destacar, tengo que destacar del resto de mi competencia. La competencia ya no es solo las empresas iguales que la mía de mi ciudad, o los candidatos que se han presentado a la misma oferta laboral que yo. Ahora la competencia también es global, está a un "click" al igual que todos nuestros posible clientes…

2.6.2. Estrategia LinkedIn

Creo que la mejor manera de explicar qué es esto y como lo podemos aprovechar, es que os cuente mi experiencia.

Había recibido varias invitaciones a LinkedIn pero no fue hasta Abril de 2008 cuando creé mi perfil. Un perfil muy básico. La verdad es que todavía no tenía muy claro para que servía todo esto. Empecé a agregar a mis contactos… a aquellos con los que tenía relación profesional, lo típico, tarjeta de visita que me daban en alguna reunión o en algún tipo de encuentro, miraba y si estaba en LinkedIn, le enviaba una solicitud. No tenía una gran red y no le encontraba mayor utilidad porque mi red estaba basada en los contactos que ya tenía, gente a la que conocía. No le prestaba mucha atención y no participa en grupos ni publicaba absolutamente nada.

Por el año 2011, un contacto que tenía, la verdad no sé muy bien de qué porque no le conocía, Jorge Zuazola, contacta conmigo y me dice que estoy perdiendo el tiempo, que no estoy usando adecuadamente la plataforma y me da alguna pista del potencial que tiene. Me ofrece hacer un training con él, más profundo, y aunque algo escéptico, creo que la inversión no es muy grande y que tampoco pierdo nada.

Hago el primer training y Jorge Zuazola me muestra cómo puedo aprovecharme de todo este potencial. Me descubre que lo importante no es mi red de primer grado si no los de segundo, tercero… la profundidad que sea capaza de crear en mi red. Retocamos mi perfil.

Creo mi estrategia y objetivos sobre los que quiero hacer y conseguir en la plataforma.

A partir de ahí, creo mi primera página de empresa, https://www.LinkedIn.com/company/aspar-consulting-s-l-?trk=biz-companies-cym

La segunda https://www.LinkedIn.com/company/2745675

El grupo Madrid Business Leadership, https://www.LinkedIn.com/groups/Madrid-Business.Leadership-4630938
y el subgrupo de Spanish Leadership Spanish Leadership in Marketing and Commerce, https://www.LinkedIn.com/grp/home?gid=7473497&trk=my_groups-tile-flipgrp, ambos basados en el concepto de Spanish Leadership.

La Showcase Page https://www.LinkedIn.com/company/5393000

Entre otras.

2.6.3. El resultado

En dos semanas había duplicado mis contactos y había pasado de buscar contactos a ser buscado, teniendo diariamente una gran cantidad de peticiones de contacto y algo que creo que es muy importante, cuando envío una solicitud de contacto a una persona no soy rechazado.

Comencé a tener una actividad regular, participando no solamente en mis grupos sino en grupos que tenían interés para mí.

La conexión de LinkedIn con Twitter te permite que lo que posteas en LinkedIn se publique automáticamente en Twitter ahorrándote trabajo y dándote mayor viralidad.

Las publicaciones en las Showcase es importante que le des "like" y "compartir" tanto como empresa, que es como se publica directamente por defecto, como a nivel personal ya que así no solamente verán la publicación los seguidores de tu página sino todos tus contactos, atrayendo así a más seguidores a tu página.

El uso de frases de "liderazgo" del tipo:

Que son de gran ayuda, ya que suelen atraer muchas visualizaciones y dan viralidad.

La personalización de frases de liderazgo del tipo:

generan viralidad a tu marca personal.

Personalmente con este tipo de publicaciones yo he conseguido hasta más de 3.000 visualizaciones en mis Showcase.

Con todo este trabajo y mi participación como coautor en diferentes libros promovidos por Spanish Leadership, he conseguido crear una marca personal en la red con especial viralidad en el sector que me interesaba, el sector de la consultoría para empresas específicas de Biotecnología.

Hace más de un año, contactó con nosotros una empresa participada por la Universidad de Burgos y la de Valladolid, Naturae, para que les ayudásemos a desarrollar un proyecto, creamos un Joint Venture que se ha convertido en la mayor biofactoría de extractos vegetales de Europa. Actualmente estamos desarrollando una serie de ingredientes saludables para el mercado de alimentación para empresas top de este sector. Tenemos la mayor cuota de mercado en España en lo que a Jugos Naturales de Aloe vera ecológicos. Y hemos conseguido una gran penetración en el mercado Europeo sobre todo en Alemania, Italia, Holanda y Suiza.

No quisiera finalizar mi participación en este libro y mi capítulo sin algo que leí hace poco de Gregorio Marañón sobre la suerte donde se viene a concluir que el "Éxito no es suerte, es el resultado del esfuerzo".

Gabriel Asensi Viana, Madrid, 28 de Julio de 2015.

SECCIÓN 2.7

Por Antonio Ruiz Rus

BIOGRAFIA

Misión carrera profesional: La misión de Antonio es involucrar a todas aquellas empresas que están dispuestas a innovar en su capital humano. En particular a todas aquellas que viendo la necesidad de mejorar su organización desean aplicar de forma eficiente los equipos de trabajo.

El mayor aporte de Antonio es la experiencia que le viene dada de la compañía Mercedes Benz España S.A donde desarrollo su carrera profesional durante veintisiete años. En ella estuvo alternando y colaborando en todos los cambios organizativos que se realizaron en busca de una mejora competitiva en el mercado.

Una parte importante de su carrera ha sido la dedicación a los equipos de trabajo donde se ha convertido en experto desarrollando los vínculos existentes entre empleador y empleado con el fin de establecer las necesidades y ventajas de este sistema organizativo.

La buena implantación de los equipos te garantiza alcanzar metas comunes, actuando bajo la convicción de conseguir las metas propuestas uniendo conocimientos, capacidades, habilidades e información de las diferentes personas que lo integran.

Obtener una buena capacidad de observación, análisis, síntesis y detección de necesidades le brindan la posibilidad de diseñar acciones individualizadas a cada empresa con el objetivo de crear el marco ideal a la misión y visión de la organización.

Administrador del grupo en LinkedIn, *Barcelona Leadership Team* y el subgrupo *Barcelona City Leadership* que han sido creados con la finalidad de introducir debates dinámicos y con contenido sobre los equipos de trabajo, con el soporte de *Barcelona Leadership* la compañía creada por Antonio

Empresa: Grupos:

Barcelona Leadership   *Barcelona Leadersip Team*   *Barcelona City Leadership*

2.7. Pool de Expertos (Antonio Ruiz Rus): Lo que el 3.0 representa en gestión

LinkedIn tiene una visión "el Economic Graph" tal es la importancia que le da que ha creado un concurso de $25.000 de premio para encontrar investigadores, académicos y pensadores que se basan en los datos para que se cumpla esa realidad.

Hay aproximadamente 3 mil millones de personas que componen la fuerza laboral mundial y la visión de esta red profesional es la de crear oportunidades económicas para cada uno de ellos, una visión grande pero según sus CEO no es inalcanzable.

Personalmente me di de alta en LinkedIn en 2012, cuando en un curso que estaba realizando en esas fechas me hablaron de una herramienta online dedicada a los profesionales con la finalidad de plasmar tu vida laboral en la red.

Me la presentaron como la posibilidad de tener tu curriculum en un sitio donde podía ser visto por otros profesionales y un lugar donde se podrían conseguir mis nuevos proyectos profesionales utilizando como medio mi networking.

Me gustó la idea que en el mercado online, hubiera una red donde poder transmitir todos mis conocimientos profesionales con el fin de abrir nuevas puertas en mi carrera y tener la posibilidad de contactar directamente con personas que me ayudaran a ello.

En aquella época LinkedIn no llegaba a los 200 millones de usuarios y en España estaba cerca de los 5 millones de personas dispuestas a generar contactos de interés y negocio, sobre todo negocio. Porque LinkedIn, bien utilizado nos va a ayudar a "hacer caja".

Las herramientas de LinkedIn

Pero para rentabilizar LinkedIn hay que saber explotar las herramientas de que dispone esta red que no son otras que contar con un buen perfil profesional, administrar un grupo, contar con una página de empresa donde canalizar los servicios que ofreces y las llamadas showcase donde puedes estratificar para tus clientes estos servicios.

Ahora es el momento de agradecer a Jorge Zuazola Fundador de Spanish Leadership, al cual llegue por mediación de un contacto, que compartiera sus conocimientos y experiencia para que mi presencia en esta red, me ayudara a conseguir los logros que estoy teniendo y comprobar ínsito el verdadero potencial que tiene esta herramienta, que es algo más que un curriculum online.

Antes de hablar de cómo uso LinkedIn y de mis logros con esta red, comentaré que actualmente hay profesionales que todavía se preguntan para que sirve LinkedIn y describiré algunas posibilidades que bien trabajadas te dará la opción de generar negocio con las herramientas ya citadas.

LinkedIn te permite expandir tu red profesional, lo que es igual a crear más oportunidades profesionales, mostrar tu experiencia laboral pero lo que es más importante describir tus logros y contar con recomendaciones de tus colegas o clientes a la vez que puedes estar conectado con personas con tus mismos intereses y objetivos a través de los grupos.

Una vez hecha la introducción voy a desarrollar mi posición "economic graph" y como estoy monitorizando y evaluando los resultados que me dan LinkedIn dentro del contexto económico actual, después de la estrategia y trabajo dentro de la red, pero matizando que hay que estar dispuesto a destinar recursos como tiempo, dinero, esfuerzo, etc... actuando con constancia y disciplina.

2.7.1. El perfil

Empezare con mi perfil, https://es.LinkedIn.com/in/antonioruizorientadorliderazgo donde sobresale un titular profesional con la marca de Leadership, palabra que posiciona muy bien dentro de Google y LinkedIn (esto me ha ocasionada infinidad de contactos muy relevantes).

Lo complemento con un extracto, que como bien dice mi mentor Jorge, mantengo la atención de mi lector en 30 segundos e identifico, quien soy, como soy, que hago, como lo hago y mis objetivos profesionales.

Hay apartados dentro del perfil, que te ayuda a tener más relevancia, si los tienes bien cumplimentados como son la experiencia, donde incluyo una breve descripción de mis logros y enriquecimiento en anteriores etapas profesionales y la descripción de mis aptitudes donde creo que sobresalgo y estas pueden estar validadas por mis clientes o conocidos.

Pero... ¿Cómo doy visibilidad a mi perfil profesional?

Como he citado anteriormente, le dedico el tiempo diario suficiente, como para poder compartir en mi grupo Barcelona Leadership Team y subgrupo Barcelona City Leadershiup y en otros donde veo posibilidades de realizar mi marca con diferentes debates. Algunos propios y otros de la red que creo son de relevancia en el tema que trato, así como aprovechar esta poderosa herramienta que nos ofrece LinkedIn que es PULSE donde escribo artículos cada quincena.

Pero.... ¿Cómo mido los resultados de mi trabajo con el perfil?

Simplemente utilizando la herramientas de análisis que nos ofrece esta red, como son quien ha visto mi perfil, donde se abre un abanico de gráficos, que puedes identificar de forma general el tipo de empresas que lo ven, así como la ubicación de las mismas. También te ofrece la posibilidad de conocer sus cargos y el sector donde trabajan y lo más importante la persona que ha visitado tu perfil.

2.7.2. Los grupos

Os he mencionado las dos plataformas de trasmisión de conocimientos que utilizo dentro de LinkedIn como son el grupo y subgrupo que me ayudan a difundir mi marca y mis servicios dentro de mi ámbito profesional que estos espacios permiten establecer conversaciones y hasta debates sobre temas relacionados con los intereses corporativos, con el fin de crear una comunidad. Sin embargo, para gestionar grupos de LinkedIn de manera efectiva hay que prestar atención a una serie de detalles.

Identificar para qué sirve el grupo o cuál es su propósito y tener claro los objetivos que se buscan al abrir este espacio con el fin de facilitar la organización y canalizar los esfuerzos en el futuro ya que esto añade dedicación por lo tanto tiempo nos tiene que definir la estrategia del grupo, resumiendo el propósito del mismo y describiendo sus intenciones que en el caso de Barcelona Leadership Team son:

Barcelona Leadership Team tiene el propósito de divulgar el sistema de los equipos de trabajo y se crea con la intención de crear debates para dar valor añadido a las organizaciones. Este grupo creado por Barcelona Leadership en 2012 tiene tres objetivos:

- ✓ Promover el dialogo, el intercambio de conocimientos y la relación entre todos los profesionales de todos los sectores y áreas funcionales sobre las ventajas de los equipos de trabajo.
- ✓ Divulgar este tipo de sistema organizativo aceptando todo tipo de informes, estudios e inclusive experiencias personales
- ✓ Facilitar que todo profesional se puede incorporar a los debates para dar valor añadido a estos independientemente de su cargo o categoría

Si deseas conocernos más ampliamente entra en la página de empresa y sus Showcase de Barcelona Leadership en LinkedIn o contacta con nosotros.

Barcelona Leadership te agradece tu colaboración y participación en el grupo.

2.7.3. La página de empresa

Paso ahora a la tercera vía que es la página de empresa y la realización de showcase que es la manera de estratificar tus productos a tus diferentes cuotas de mercado en mi caso hablare de Barcelona Leadership https://www.LinkedIn.com/company/barcelona-leadership?trk=biz-companies-cym como página principal de empresa y Barcelona Leadership Team https://www.LinkedIn.com/company/barcelona-leadership-team?trk=biz-brand-tree-co-name como producto más relevante dentro de mi empresa.

Esta vía me permite entre otras cosas captar seguidores, promocionar mis productos o servicios y contactar con socios y proveedores. Mi misión es la de procurar hacerla lo más atractiva posible publicando una información donde incluye temas relacionados con los productos que trabajo en la red, procurando promocionarla con la intención de establecer relaciones comerciales.

Mi imagen corporativa en LinkedIn se transmite de la siguiente forma:

- La innovación no es más que un cambio de mentalidad para innovar nuevas formas de pensar, trabajar, producir, renovar y relacionarse.

- Barcelona Leadership nace en 2012 como incubadora de ideas en internet, servicio de consultoría de negocios, entrenamiento personal y desarrollo profesional, con el fin de ayudar a las personas a descubrir su potencial y alcanzar sus metas bajo la formación de Spanish Leadership.

- La aventura es un paso hacia el cambio por eso nos tenemos que abrir para modificar patrones de producción y arriesgarse a pensar diferente.

- Barcelona Leadership está dispuesta a sustituir el "Siempre se hizo así" por el ¿Por qué no hacerlo de esta otra forma? Sal de tu "Status Quo" en la forma der afrontar el día a día y predisponte hacer las cosas de manera distinta.

- Innovar es atreverse a equivocarse para encontrar nuevas soluciones, y ser capaz de indagar el camino que pocos probaron antes, con el fin de llegar a lugares distintos y más fructíferos.

NUESTROS VALORES

Pro actividad: Ser proactivo significa tomar acción sobre las oportunidades que se nos presentan a diario, prever, intuir y actuare de manera positiva nos lleva a reaccionar rápidamente y de forma eficaz a las situaciones que puedan surgir.

Disponibilidad al cambio: Llevar a cabo las ideas, requiere de mucho temple y sobre todo de estar convencido de la necesidad del cambio, cuando las cosas no salen como se plantean y hacen falta realizar ajustes para que el camino tome un nuevo rumbo.

Responsabilidad: Cuando se asume un nuevo proyecto se adquieren nuevas responsabilidades, tanto personal como corporativo, el concepto de la responsabilidad es entender que se deben respetar las reglas y confidencialidad.

Aprendizaje: Es importante tener claro que la formación continua es necesaria para poder evolucionar y estar al corriente de los cambios en los mercados. El que no evoluciona está destinado a la desaparición, por eso la necesidad de prepararse y aprender cosas nuevas cada día.

También dispone dentro de la página de apartados de análisis donde puedes comparar la actividad que generan nuestras actualizaciones, así como la comunicación y participación que tiene la página manteniendo nos al corriente del número de seguidores y diferenciando las características demográficas de estos. También dispone de un apartado donde puedes hacer una valoración de las recomendaciones, comentarios, artículos que se comparten y número de veces que eres mencionado en la red con lo que puedes llegar a comprobar si se asemeja el éxito del trabajo que realizas con la estrategia que tienes plantada.

2.7.4. Los resultados

Para cerrar hago una descripción de mis logros personales con LinkedIn no sin antes contar desde donde partía para terminar con una breve descripción de mi situación actual.

Teniendo en cuenta que mi situación profesional dependía de un numero de contactos muy limitados, el estar ejerciendo mi carrera durante largos años en un lugar con perspectivas continuas de reducciones de plantilla y un mercado muy cerrado, no tenía una red de contactos lo suficientemente fuerte como para iniciar una nueva etapa profesional en mi vida puesto que mis compañeros bien por cuestión de edad, falta de influencia o desinterés en la ayuda no me servían para este nuevo reto que me disponía.

LinkedIn me ha ayudado a establecer lazos fuertes con mis contactos generando una amplia red que va creciendo constantemente, llegando a conseguir atraer posibles inversores profesionales, a difundir las posibilidades de negocio que genera esta red, dentro de la provincia de Barcelona en entidades municipales de promoción económica a través de la Diputación de Barcelona junto con Felipe Calvo y generando nuevas posibilidades de negocio con otras empresas mensualmente, hasta la posibilidad de prestar mis servicios a otras empresas de consultoría como es SVI Consultors. Todo esto Gracias a LinkedIn.

Antonio Ruiz Rus, Barcelona, 31 de julio de 2015.

CAPÍTULO 3

Por Jesús Galindo de la Torre

https://es.LinkedIn.com/in/jesusgalindodelatorre

Ignacio Anduiza Cebrián

https://es.LinkedIn.com/in/ianduizaaragonleadership/en

Luis Bona López

https://es.LinkedIn.com/in/lbonaproductionmanagerspain/en

BIOGRAFIA

Jesus Galindo de la Torre

Director QHSE |Lean Six Sigma|Facilitador Procesos
Cambio|CEO & Socio Fundador Lean Manufacturing
Business Leadership ©

Barcelona, Cataluna, Spain | Mining & Metals

Current	Imerys, Lean Manufacturing Business Leadership ©
Previous	SGS S.A, Nurel S.A, Menage & Confort S.A.
Education	HEC Paris

View profile as ▼   **500+** connections

https://es.linkedin.com/in/jesusgalindodelatorre   Contact Info

Estudió en la Escuela de Negocios HEC Paris, Gestión de Operaciones y Excelencia Organizativa (2013-2014). Ingeniero Técnico Industrial (Química Industrial) por la Universidad de Zaragoza (2004-2007), ha desarrollado su carrera profesional en diferentes compañías de ámbito multinacional y nacional; en el Área de Gestión de Operaciones y Excelencia Organizativa.

Actualmente, desarrolla su profesión en el cargo de Director QHSE & Lean Six Sigma (WCM) FAE (Filtration and Additive Europe) Grupo Imerys.

Es CEO & Socio Fundador de Lean Manufacturing Business Leadership® www.leanmanufacturingbusinessleadership.com

Director de Proyectos Europeos PDU (PMI ®) por el Project Management Institute (2010-2011). Master en Ergonomía y Psicosociología Aplicada, Seguridad en el Trabajo e Higiene por la Universidad de Zaragoza (2007-2008).

Facilitador de Cambio y Empoderamiento activo de herramientas de Clase Mundial WCM: SMED, 5S, JIT, TPM, VSM, TOC, Kanban, TWI,Poka-Yoke, TAICHII OHNOs Circle, sistemas de trazabilidad, AMFE, QFD, Isikawa,PPM, Scrum Project, Gantt, 8D, APQP, tipo y KPI ' s. Benchmarking, Kansei, Balanced Scorecard (BSC), HPO, HOSHIN KANRI (X-MATRIX), TRIZ, BPR y ERP.

Así cómo Modelos de excelencia de gestión empresarial mundialmente reconocidos (EFQM ®), y Responsabilidad Social Corporativa (CSR-21 ®, ® RS-10, SA 8000 ®), OHSAS 18001, DuPont ®, RCM ®, ISO 9001.

☞ https://es.LinkedIn.com/in/jesusgalindodelatorre
✉ jesus.galindo.LinkedIn@gmail.com
@JESUSGALINDODLT

3. Aragón Digital, la prueba de que LinkedIn 3.0 no tiene límites

3.1. El potencial 3.0 en Aragón.

3.1.1. Reflexiones del escenario futuro en Aragón

"No se puede mirar el futuro cómo una continuación del pasado porque el futuro va a ser diferente, tenemos que desaprender nuestra manera de manejar el pasado para poder manejar el futuro". Charles Handy.

Siguiendo los pasos de este consagrado autor organizacional, nos gustaría realizar una reflexión; constructiva y positiva del escenario futuro en Aragón. Si bien es cierto que los acontecimientos económicos pasados, presentan un reto importante ante nosotros.

El desmantelamiento y deslocalización industrial ha sido tendencia en España en los últimos años y Aragón no es una excepción, observándose un debilitamiento progresivo del sector industrial según fuentes consultadas del Instituto Nacional de Estadística.

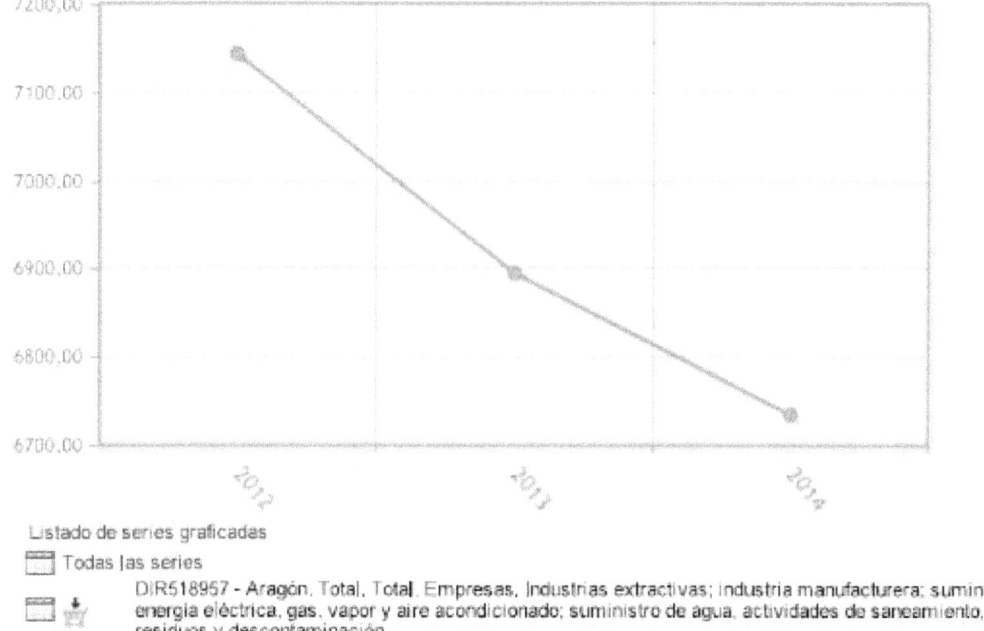

Listado de series graficadas

Todas las series

DIR518957 - Aragón, Total, Total, Empresas, Industrias extractivas; industria manufacturera; suministro de energía eléctrica, gas, vapor y aire acondicionado; suministro de agua, actividades de saneamiento, gestión de residuos y descontaminación.

Fuente: Instituto Nacional de Estadística. DIRCE .Industria Nº Empresas (Aragón)

Este hecho ha afectado de manera muy negativa a la economía y desarrollo de esta Comunidad Autónoma.

Fuente: Instituto Nacional de Estadística. EPA Tasa de Paro % (Aragón)

3.1.2. El pasado es historia y el futuro incierto nos queda el presente

El ascenso del paro y la bajada de la tasa de actividad, confirman el escenario anteriormente expuesto. **¿Qué nos deparará el futuro?**

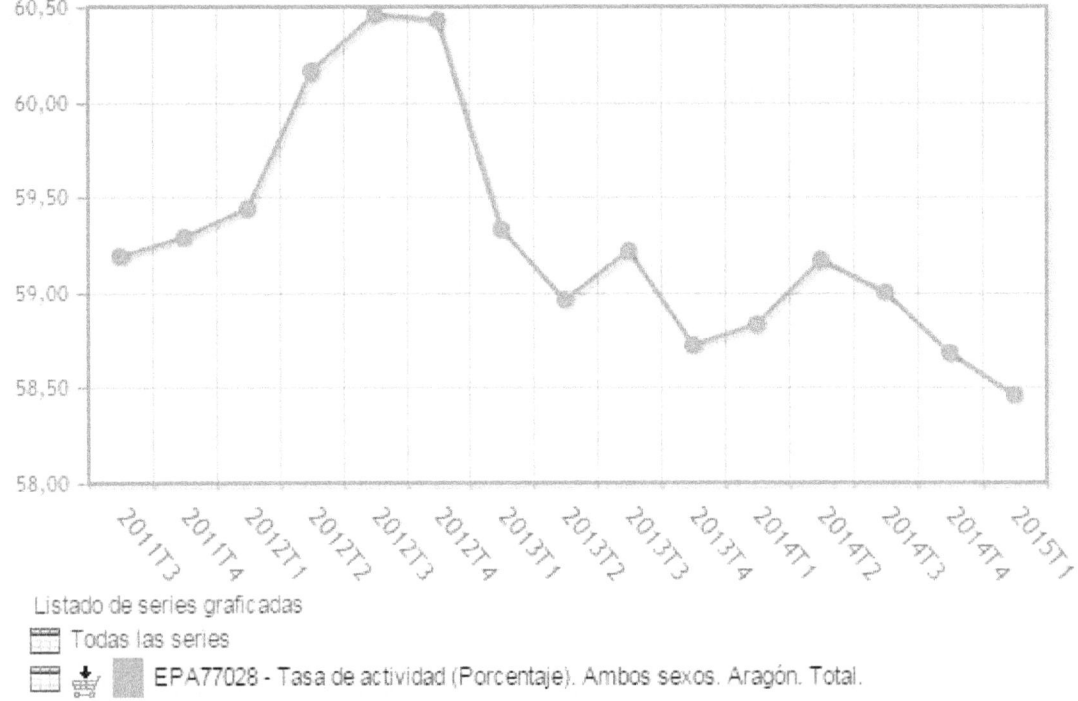

Fuente: Instituto Nacional de Estadística. EPA. Tasa de Actividad % (Aragón)

3.1.3. El potencial del negocio digital en Aragón – Economic Graph

Los datos facilitados por el Instituto Aragonés de Estadística son muy significativos: la infraestructura TIC suministra un coste de oportunidad al alcance de la empresa Aragonesa que no puede ser malgastado.

El 99,7% de las empresas de 10 o más empleados dispone de conexión a Internet, El 69,0 % de las empresas de menos de 10 empleados, dispone de conexión a Internet -Fuente. Instituto Aragonés de Estadística (2013-2014)

Si bien es cierto, que se observa una falta de madurez en la estrategia organizativa digital de ventas.

El volumen de venta digital se situó en torno al 9 % a fecha 2014 –Fuente. CREA.
El potencial de negocio digital de las empresas Aragonesas tiene un margen de mejora que no podemos desestimar y qué debemos potenciar en nuestra comunidad.

Es por ello por lo que en 2015, guiado por la visión de facilitar y empoderar el cambio organizativo, y ágil transición a modelos eficientes internacionalmente probados en organizaciones de clase mundial.

Fundé Lean Manufacturing Business Leadership ®; www.leanmanufacturingbusinessleadership.com ; entrando a formar parte de la mayor red de negocios del mundo. Fundada por la empresa LinkedIn Inc. http://economicgraphchallenge.LinkedIn.com/

El escenario que se contempla hoy en día, puede ser modelado si se genera y apoya una estrategia de clusterización enfocada a la creación de empresas dentro del economic graph.
It's time to move forward – Change as Key to Future – Why Not Now?

"Somos lo que hacemos día a día. De modo que la excelencia no es un acto sino un hábito" Aristóteles.

Jesús Galindo de la Torre, Barcelona, 31 de julio de 2015.

☞ https://es.LinkedIn.com/in/jesusgalindodelatorre
✉ jesus.galindo.LinkedIn@gmail.com
@JESUSGALINDODLT

BIOGRAFIA

Ignacio Anduiza Cebrián

Environment professional consultant. Services for businesses. Founder of Aragon Management Leadership.

Aragon, Spain | Environmental Services

Current: Aragon Management Leadership

Previous: Spanish Leadership, SARGA (Sociedad Aragonesa de Gestión Agroambiental S.L.U.), Piscicultura Marina Mediterránea

Education: Licenciado Ciencias Marinas, Máster Prevención Riesgos, Gestión empresarial; Tutor E-lerning

ignacioanduiza.linkedin@gmail.com

www.aragonmanagementleadership.com

https://es.linkedin.com/in/ianduizaaragonleadership

500+
connections

Ignació nació en 1974. Su temprana vocación por el mar y la naturaleza le llevó hasta las "Islas Afortunadas" donde se licenció como Científico Marino en la Universidad de Las Palmas de Gran Canaria.

A finales del siglo XX, cuando comenzó su carrera profesional, la sociedad valoraba positivamente a los profesionales que permanecían en una empresa durante toda su vida laboral. Sin embargo, bien por decisiones profesionales, personales o por la fortuna, este no sería su camino.

Su experiencia es el resultado de haber vivido en Madrid, Barcelona, Castellón, Gran Canaria, Teruel y Cabo Verde y trabajado en empresas:

- Públicas y privadas
- Con más y menos de 200 empleados.
- Que daban sus primeros pasos o ya estaban consolidadas.
- Del sector primario, industrial o servicios.
- Dedicadas a la ingeniería, acuicultura, medio ambiente, deporte, investigación u ONG.

En todas ellas vivió la satisfacción del éxito compartido cuando se alcanzaron los objetivos marcados, pero también las consecuencias de la falta de planificación y gestión empresarial.

Actualmente, ejerce como Consultor Ambiental freelance y es CEO & Fundador de **Aragón Management Leadership,** www.aragonmanagementleadership.com. Compañía sustentada por profesionales y cuyo objetivo es monetizar el "Expertise" de sus miembros en el Economic Graph de LinkedIn.

Además dedica su tiempo a la familia, a entrenar equipos de competición de pádel y a su formación como persona y profesional.

3.2. Ocho semanas de evolución 3.0

3.2.1. El perfil público como punta de lanza de los objetivos profesionales.

El 20 de abril de 2011 creé mi perfil en LinkedIn con el número de usuario 114.909.686 y en 2013 comencé a construir mi red de contactos con profesionales del sector medioambiental.

En junio de 2015 entendí el potencial de LinkedIn tras realizar varios trainings impartidos por Jorge Zuazola sobre: configuración inteligente del perfil, gestión de la red de contactos, creación de grupos y página de empresa.

La primera acción fue adecuar el perfil a un "Attention span entre 3 y 8 segundos". Para ello centré el extracto en la Misión de Carrera, personalicé URLs según idioma, una foto acorde con mis objetivos y configuré el Gmail mágico. Así conseguí alinear posicionamiento digital y marca personal.

Perfil: Consultor medioambiental. Servicios profesionales para Pymes. Fundador Aragon Management Leadership.
URL: https://es.LinkedIn.com/in/ianduizaaragonleadership
https://es.LinkedIn.com/in/ianduizaaragonleadership/en
Mail: ignacioanduiza.LinkedIn@gmail.com.

Posteriormente, investigué el mercado en un determinado radio de acción y/o sector, así descubrí como mi red de contactos abría nuevas oportunidades de negocio. Todos estos pasos me han permitido aprender a configurar el perfil en LinkedIn como la punta de lanza necesaria para alcanzar los objetivos de cualquier profesional.

3.2.2. Gestionando la posición en el Economic Graph.

Un perfil adecuado fortalece la imagen pero la marca personal se forja desde la constancia, la consistencia, la honestidad y el convencimiento de que el futuro está en nuestros actos.

Los siguientes pasos se centraron en establecer alianzas entre profesionales para encontrar, generar y explorar las mejores oportunidades. Expuse a la red de contactos mis objetivos y les invité a formar parte de ellos. Así, fundé la compañía Aragon Management Leadership focalizando oportunidades en las Showcase page "Creando Estrategias Conjuntas" y "Capital natural, el activo de negocios".

Aragon Management Leadership
https://www.LinkedIn.com/company/aragon-management-leadership
Creando Estrategias Conjuntas
https://www.LinkedIn.com/company/teruel-gestión-conjunta-del-liderazgo
Capital natural, el activo de negocios
https://www.LinkedIn.com/company/environmental-business-leadership

Todo esto se sustenta en los conocimientos, intereses y vivencias de una comunidad formada por más de 150 profesionales, cuyas aspiraciones son compartidas en los grupos "Teruel Business Leadership" y "Medio Ambiente Empresarial Leadership". En ellos tratamos temas de estrategia empresarial sostenible, desarrollo rural, formación digital y gestión conjunta del liderazgo.

Para iniciar el movimiento es necesario romper el rozamiento estático y esto conlleva un mayor esfuerzo. Pues bien, este es el motivo por el que tomé el papel de guía de la comunidad y CEO de la compañía. Diseñando modelos de trabajo, gestionando las dudas y problemas, buscando nuevas oportunidades y creando contenido propio. Por último, analizando los resultados en las estadísticas de interacción que me proporciona LinkedIn y así redirijo o potencio determinados aspectos.

Por ejemplo, al principio me centraba en aportar al grupo contenidos diarios actuales y relacionados con nuestros objetivos, además los publicaba en otros grupos de interés. Los resultados mostraron un aumento en las visualizaciones de mi perfil.

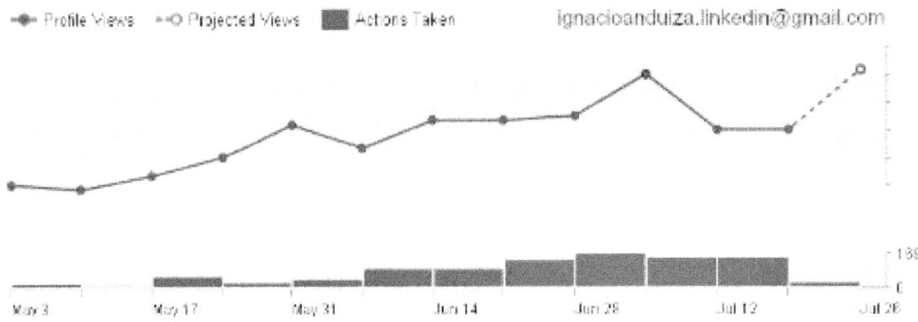

Entonces opté por completar los contenidos con imágenes de citas que apoyasen nuestros objetivos, de retos o preguntas reflexivas y de esta forma mejoré la interacción y retorno de los grupos.

Otro ejemplo, es la creación de contenido propio. En general participo en los post publicados aportando experiencias profesionales y vivencias, pero a la larga estas participaciones se diluyen en la red. Por ello he optado por trazar una táctica de publicaciones en "Pulse", con contenido basado en la gestión del liderazgo o en mi experiencia profesional y poder así monitorizar su lectura e interacción.

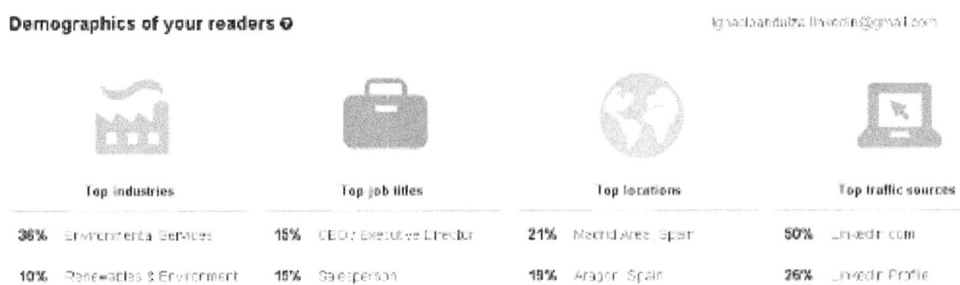

Según la gestión realizada posicionaremos nuestra compañía en el Economic Graph de LinkedIn, epicentro de la Economía 3.0.

3.2.3. Valoración de las ocho semanas de evolución 3.0.

En el caso de que me preguntasen si durante este tiempo el beneficio obtenido ha compensado el esfuerzo realizado, respondería con otra pregunta ¿Qué es lo quieres obtener? Porque este es el click (quid) del asunto y puede ser que la respuesta aparezca o cambie a medida que avanzas, así que no dudes, no temas. Camina.

En mi caso, quería romper con inercias del pasado y afrontar activamente las oportunidades del futuro. Entonces el beneficio ha sido desproporcionado porque me ha permitido reactivar mi empleabilidad, comprender que aunque fuese un trabajador asalariado soy el Director, Gerente, CEO o Líder de la microempresa más importante en la que trabajaré nunca "Uno mismo", tal y como expuse en "Pulse". https://www.LinkedIn.com/pulse/la-empleabilidad-es-tu-futuro-ignacio-anduiza-cebrián

La formación con Jorge Zuazola me ha empoderado y habilitado para trazar acciones en LinkedIn encaminadas a fomentar negocios B2B, B2C, H2H y a comprender que ser un Líder es tratar con personas de principio a fin.

Recomendarte que si optas por utilizar LinkedIn para reactivar la empleabilidad o gestionar una empresa, la planificación y organización es esencial, además la constancia te ayudará a combatir la inconsistencia.

Para terminar, agradezco a Dale Carnegie, Reid Hoffman, Ben Casnocha y al grupo de profesionales de Spanish Leadership su asesoramiento diario y por supuesto, a mi familia y a los 156 miembros que a fecha de hoy conforman la estructura de Aragon Management Leadership.

Ignacio Anduiza Cebrián. Teruel, 31 de julio de 2015.

BIOGRAFIA

Luis, nació en 1963 en Borja, Provincia de Zaragoza.

Estudió FP Electrónica en la Universidad Laboral de Eibar y posteriormente Ingeniería Técnica Industrial Eléctrica especialidad Electrónica Industrial en la Universidad Laboral de Tarragona.

Comenzó su carrera profesional en Barcelona en la Empresa Control Trafico, poniendo en marcha el proyecto de alumbrado público cuyo objetivo era aprovechar la infraestructura del control del tráfico para optimizar el consumo-energético la ciudad antes de las olimpiadas del '92.

Continuó en DELPHI-Cetasa, multinacional Americana que en ese momento dependía de GM. Su actividad como Responsable de Ingeniería de Producción del modelo Renault Megane X64, consistía en la fabricación de cableados eléctricos para la automoción en entornos exigentes y para clientes de primer nivel. Fue en este puesto donde aprendió los conceptos de cultura Lean, mejora de métodos y tiempos y organización Industrial, de la mano del personal Europeo y Americano de DELPHI.

El siguiente paso en su carrera profesional fue ejercer como Jefe de Planta en Andamios Tendo en Tarazona una empresa familiar dedicada a la fabricación de andamios y estructuras tubulares. Su principal objetivo fue la certificación del producto por AENOR tras la implantación de un sistema de gestión de calidad. De esta manera mejoró la competitividad de la compañía incrementando la facturación de (De 300.000 € a 8.000.000 €). Tal crecimiento fue el motivo por el cual la multinacional Franco-Alemana Zarges-Tubesca adquiriera la empresa.

El siguiente reto fue tomar la responsabilidad de la producción de "nacelles" en la Planta de Gamesa en Soria. Impulsando la puesta en marcha de una de las líneas de montaje y aumentando la productividad un 20%. Además, fue el responsable de la formación de operarios del grupo provenientes de otros países Brasil, India y China.

Actualmente, potencia su experiencia profesional como CEO & Fundador de **Production Management Leadership 3.0.**

http://www.productionmagementleadership30.com

luis.bona.linkedin@gmail.com

1. Aragón Digital, la prueba de que LinkedIn 3.0 no tiene límites.

3.1. Actitudes colaborativas y alineación de objetivos

1. "El que hace las cosas y no busca excusas para no hacerlas, de Miguel Ángel Cornejo".

Desde que inicié mi andadura "abierto a conectar" en la red voy actualizando mi perfil en LinkedIn e informándome sobre temas de Lean Manufacturing que luego aplico en mi trabajo diario. De esta manera llegué al grupo Spanish Leadership donde, entre otras cosas, aprendí a que:

"SI LEES POCO ACTUARAS COMO MUCHOS, SI LEES MUCHO ACTUARAS COMO POCOS"
"LA AUTODISCIPLINA ES LA CLAVE DEL ÉXITO"
"EL QUE HACE LAS COSAS Y NO BUSCA EXCUSAS PARA NO HACERLAS"

Cada día voy creciendo y entendiendo el networking, y cuál es el papel de uno en el mundo digital 1.0-2.0 y 3.0.

Entonces a finales del mes de junio me proponen participar en tres proyectos para un evento. Antes de comenzar mi andadura por LinkedIn hubiese rechazado la propuesta pero en un segundo me vino a la cabeza la siguiente frase.

"SIEMPRE QUE TE PREGUNTEN SI PUEDES HACER UN TRABAJO, CONTESTA QUE SI Y PONTE EN SEGUIDA A APRENDER COMO SE HACE. Franklin D. Roosevelt"

Así que me puse manos a la obra y aunque sin ninguna experiencia similar me fui tienda en tienda para conseguir los materiales necesarios para el primer proyecto, pero no tenían lo que necesitaba. Entonces en una de las tiendas, una persona que sólo conozco de vista y que estaba presente en la conversación me dice que ellos tienen y que me lo puede dar si me interesa aunque son bastante viejos. Se trataba del Sr. Martín, presidente de la Cooperativa Agrícola de Tarazona San Atilano, quien me pone en contacto con Bautista Gerente de la cooperativa y que ya conocía por diferentes motivos. Me presento, le comento el proyecto y me los da sin costo alguno.

Aunque no es exactamente el material que inicialmente tenía pensado pero me adapto a lo que me dan e innovo para conseguir el resultado final deseado. Entonces pienso que esto es una cadena de favores sin pedirlos simplemente las buenas formas, ser educado y una marca personal hacia la sociedad, me ayuda a conseguir mi objetivo, aprender haciendo. El segundo y tercer proyecto se desarrollan de la misma manera, alineando contactos

Conclusión: Trabajo en equipo, cliente satisfecho y objetivo cumplido. Equipo motivado de los resultados y proveedores contentos de ayudar a cumplir el objetivo así es LinkedIn.

He aprendido que LinkedIn como hace referencia Jan Vermeiren en su libro "LinkedIn consigue una red de contactos para tu éxito", que te tienes que marcar un objetivo inteligente y lo suficientemente ambicioso para conseguirlo. Tienes que empezar definiéndolo y escribiendo quien te puede ayudar. Dividir tus acciones en pequeños sub-objetivos ya que la suma de todos ellos te llevará a la consecución de ese gran objetivo. También, el utilizar el email mágico te permitirá acercarte a las personas que necesitas para cumplir tus fines.

2.   LinkedIn 400 Millones & Cultura Lean

Los que trabajamos en cultura Leanmanufacturing tenemos a nuestra disposición una herramienta llamada "Gestión Visual" que consiste, entre varios métodos, en colocar en un tablón la información relevante, objetivos e incidencias de seguridad y salud, calidad y productividad. En este tablón se realiza el seguimiento diario mediante una reunión de 5 minutos donde el equipo es conocedor día a día de la evolución de los indicadores, cuando el equipo ha interiorizado y es participativo entonces es el momento de mandar mensajes y desplegar la política de la dirección, para que todo el mundo sea participe y se comprometa con la misma.

Lo mismo ocurre en LinkedIn 400 millones, creas tu perfil, tú marca personal y te posicionas en la red, dónde vas actualizando contenidos para que tus contactos interactúen. Cuando ya existe un grado de confianza es cuando puedes utilizar esta herramienta con fines comerciales o búsqueda de trabajo, ya que tienes potencialmente a tu disposición la friolera de 400 millones de contactos. En resumen generar confianza para la consecución de objetivos en LinkedIn

3.   Una gota de agua sola no es nada muchas gotas de agua juntas forman océanos.

Desde Production Management Leadership 3.0 se quiere impulsar el territorio ayudando a las empresas y a la sociedad en el aprovechamiento de las herramientas digitales 3.0. Llegado el momento LinkedIn contará con 400 millones de profesionales y no se puede esperar más a desaprovechar las oportunidades que surgen cada día.
Si alguien todavía está pensando que internet es el futuro, yo les pregunto que donde han estado porque a mi entender Internet es el presente. El futuro serán herramientas y trabajos que todavía no se han desarrollado además vivimos en un mundo global, con competencias globales, si no ofrecemos lo que se necesita serán otros quienes lo hagan y no estamos para perder más oportunidades en Aragón y España.

Luis Bona López. Tarazona, 31 de julio de 2015.

CAPÍTULO 4

Joana Egea Rubio

https://es.LinkedIn.com/in/joanaegeafootballleadership/en

Alicia Pueyo Azuara

https://es.LinkedIn.com/in/aliciapueyovisualthinking/en

Catalina Valencia Peña

http://cr.LinkedIn.com/in/catalinavalencialeadership

BIOGRAFIA

Joana Egea es la referente para todos los temas de gestión de innovación en el fútbol dado que su proyecto, *Football and Travel*, también incluye experiencias de ligas extranjeras.

Versátil y apasionada, Joana Egea ha estado vinculada al fútbol profesional durante gran parte de su carrera profesional, siendo su trayectoria en el Girona FC la que le ha comportado más dedicación, un ciclo de 14 años que se tradujo en éxitos profesionales, tanto a nivel individual como colectivo.

Su principal aportación: creer que un proyecto amateur podía convertirse en profesional con dedicación e ilusión. Después de más de 50 años, el club logra su ascenso a la categoría de plata procedente de Tercera División e inicia su periplo más exitoso y estable de su historia. Joana lidera este cambio en el área social, se reeduca su masa social y se introducen medidas sociales innovadoras que la hacen crecer cualitativa y cuantitativamente. Mantuvo siempre una fuerte vinculación y arraigo a la ciudad teniendo siempre muy identificados los stakeholders y los activos del Girona FC. Su labor social, así como su estrecha participación con las entidades deportivas de la provincia, habiendo mantenido siempre una especial dedicación y mención al fútbol de cantera.

Joana Egea vive un proceso de re-invención y evolución profesional en el que *LinkedIn* ha tenido un papel protagonista, utilizando esta red para conectar con personas de su sector, el fútbol profesional, afines con su ideología y valores que de otra forma hubiera sido impensable.

Aun así, ha constatado que el fútbol, sobretodo el español, vive en la prehistoria tecnológica y ha iniciado de nuevo una cruzada, que como mujer del fútbol en otras ocasiones tuvo que lidiar y pudo ganar, para LinkedInear el fútbol español y poder liderar el football 3.0. De ahí proviene que su marca sea *Football Innovation Management Leadership*. Además, gracias a esta red profesional, ha impulsado el proyecto *Football and Travel*, conectando a personas y profesionales de todo el mundo que tienen un alto interés en nuestro país y nuestra cultura futbolística, como también la de los países que lideran el fútbol mundial. Pudiendo utilizar de nuevo, gracias a *LinkedIn*, el fútbol como herramienta de transmisión de valores y generador de experiencias únicas, no para la masa social de un solo club sino para el 4% de la población mundial.

4. Network 3.0 es ya una realidad donde la mujer debe liderar

4.1 Así fundé Football Management Leadership

Para mis padres, Alejandro y Juana, un ejemplo de superación; los hombres de mi vida, José Tejero y Pepe Egea; y Ana Fragua, por mostrarme la luz y mi gratitud a Jorge.

Hace unos años, un buen amigo que actualmente trabaja para uno de los cinco clubes de fútbol más ricos del mundo me dijo que me diera de alta de una red social para conectar profesionales llamada *LinkedIn*.

Casi siempre le hago caso porque confío mucho en su criterio, y eso hice: me di de alta y empecé a buscar clubes y profesionales del mundo del fútbol pero desistí en seguida, de los 42 clubes de la LFP sólo encontré a uno y apenas ejecutivos vinculados.

Pero, ¿para qué lo iba a hacer si pudiendo llamar a la LFP o directamente a los clubes e identificándome obtenía contacto con quien quisiera? Además, no tenía muy claro si era una red social profesional o un portal de empleo y me pareció bastante arcaica en comparación con las alternativas similares.

Él me insistía que interactuara y buscara, que a él le había ido muy bien entrar en grupos y conocer gente de la industria del fútbol, principalmente en el ámbito internacional.

Al año siguiente lo volví a intentar, la red había cambiado bastante, tenía mucho más tráfico y usuarios, poco a poco me fui "conectando" cometiendo los errores de principiante que tantas veces os advertirá Jorge y así anduve hasta que salí del Girona FC y pasaron varios meses en los que estuve utilizando la plataforma para encontrar empleo, enviando mi perfil y CV a todas partes.

Hasta que una noche vi por casualidad un artículo de una tal *Ana Fragua* que era una metáfora maravillosa sobre liderazgo y deporte, y me dije a mi misma "*Wow, he encontrado un alma gemela*" y no puede reprimir hacer un comentario y este comentario desembocó en otros en respuesta y así llegué a *Spanish Leadership* hasta que *Jorge Zuazola* contactó conmigo.

Hice los trainings de forma consecutiva y, de repente, empecé a experimentar el verdadero potencial de *LinkedIn*. Me "construyó" la marca *Football Innovation Management Leadership* y dio paso a una consultoría y un grupo.

Este mes se cumple un año de toda esta experiencia: tenía apenas 350 conexiones mientras que ahora mismo 2.023 seguidores, y eso que hace meses que he adoptado una postura más sensata con las conexiones, he priorizado la calidad a la cantidad.

Mi grupo acaba de conseguir alcanzar el objetivo previsto de 500 seguidores que me había fijado para el primer año. Imaginaros para una chica de una pequeña ciudad como Girona que estuvo tantos y tantos años luchando por tener una oportunidad en el club de su ciudad, lo que tuve que dejarme ver y demostrar para poder ganarme una reputación profesional.

Si sólo el 21% de las mujeres ocupan un puesto directivo, ¿os habéis preguntado cuántas lo hacen en un club de fútbol profesional? Pero, ¿cómo iba a mostrar mis capacidades al resto de clubes cuando año tras año se van perdiendo los colegas de profesión que te conocen por culpa de la inestabilidad o los problemas económicos?

La respuesta: un grupo de *LinkedIn*, donde compartir el talento y experiencia e interactuar con otros. Y, por supuesto, el siguiente paso ha sido *Pulse* que me permite salir de mi área de influencia para ir forjándome mi marca personal a una velocidad mucho mayor que con los métodos tradicionales.

Y os preguntaréis, ¿has conseguido encontrar un club de fútbol profesional? La respuesta es no, pero me recomendaron para dos grandes clubes gracias a *LinkedIn*. Debéis saber una cosa, mi reto tardará mucho en lograrse mientras el fútbol profesional español esté en modo prehistórico en la gestión.

¿Ahora entendéis mejor lo de Innovation Management verdad? Y, sobre todo, mientras no abra las puertas y mentes al Football 3.0, porque esa es ahora mi cruzada. Ésa, y la de convertir a *Football and Travel* en la mejor agencia de turismo deportivo, claro.

Seguro que ya habéis adivinado cómo conocí a mi socio, ¿verdad? Si tú que me estás leyendo eres un empresario, accionista, ejecutivo de un club de fútbol profesional español, recuerda estas palabras a continuación *"el fútbol necesita imperiosamente entrar en la era 3.0"* y yo te puedo ayudar.

Recuerda que el cliente de un club no se va a ir nunca a la competencia porque como dijo *Guardiola: "se cambia antes de mujer que de equipo de fútbol"*.

*Texto extraído de la publicación en **Pulse** el 16 de Julio de 2015 que hasta la fecha de hoy, 28 de Julio de 2015, ha acumulado **213 visualizaciones 21 likes y 4 comentarios***

4.1.2 "Cuando éramos pequeños esto era de otra galaxia"

Somos un país de contrastes, de contradicciones, de poca memoria histórica, hay que decirlo para concienciarnos y paliar nuestros defectos.

Los que nos dedicamos con entrega y pasión a nuestra profesión, asumimos riesgos y salimos de la famosa zona de confort para lograr nuestros objetivos. Sabemos que es, en muchas ocasiones, un duro proceso, incomprendido muchas veces e incluso, es por eso que cuando recibimos la admiración, apoyo y el pequeño homenaje de los que nos entienden, nos sentimos altamente agradecidos y ciertamente recompensados en esos momentos no tan agradables en los que te equivocas, porque arriesgar conlleva eso: equivocarse y fallar, desgraciadamente o no, porque como bien dijo un mito del deporte internacional: *"He fallado una y otra vez en la vida por eso he conseguido el éxito"* **Michael Jordan**.

Si encima has hecho de tu profesión la dedicación al deporte profesional, o a los deportistas, entiendes perfectamente qué es el sacrificio, la dedicación y la generosidad. Pero también has podido comprobar qué significa vivir deprisa, quizá lo que marca la gran diferencia. A los 40 años, un deportista de alto rendimiento es un jubilado. Si ya es difícil esta transición cuando has hecho de tu pasión tu vida profesional, imaginaos cuando ésta está impregnada de emociones y vivencias que ya jamás se van a volver a vivir con la misma intensidad. Se han estado entrenando durante años, desde temprana edad, para poder alcanzar unos logros y en la mayoría de los casos sólo saben hacer eso.

¿Por qué penalizamos el esfuerzo? ¿Por qué somos tan poco permisivos con los errores cuando de deportistas, emprendedores o empresarios se trata? Pero, en cambio, somos benevolentes con algunos estamentos, acaso, ¿todo vale para lograr los objetivos?

4.1.3 Respect

Respetemos a nuestro deporte y a nuestros deportistas, y por extensión a nuestros mayores_, no matemos a nuestros ídolos ni hay que regodearse con los ocasos de los que nos preceden y nos han mostrado el camino. Amemos a los nuestros y nos amaremos a nosotros mismos. Aprendamos de los que nos enseñan a ser mejores, en la vida y el deporte.

"No puede ser que los deportistas en España no puedan hacerse mayores sin que se les falte al respeto" **Xavi Hernández** (exjugador del FC Barcelona y de la selección española)

4.1.4 Hitos irrepetibles

Hace falta que recuerde la última gran hazaña del deporte español, la de nuestros queridos **Pau y Marc Gasol** (queridos de momento...), hazaña que ocurrió este 2015 hace tan sólo unos pocos meses, a unos miles de kilómetros de aquí, dos hermanos gigantes, no por su altura sino por su grandeza humana, eran el centro de las miradas de un evento retransmitido en 215 países, doblado a 44 idiomas, con una cobertura mediática de 1.800 medios de comunicación acreditados. Seguramente, junto con el Mundial de fútbol la mayor hazaña deportiva de la historia y del mundo.

Además, por primera vez en la historia, no solamente un jugador español era elegido como titular para el partido del All-Star de la NBA, sino que fueron dos jugadores, hermanos, para añadirle más épica y romanticismo, que para poner la guinda además realizaron la jugada más mediática del evento, el 'Salto Inicial'.

4.1.5 El deporte español es una marca internacional

Hace ya unos años que el deporte está liderando nuestro país y convirtiéndose en el único activo de gran valor de cara al exterior y, además, impagable si de una campaña de marketing se tratara. Para darnos cuenta de la transcendencia y dimensión del deporte, voy a compartir una anécdota. Durante mi breve estancia en Luxemburgo, en el año 1993, recuerdo que cuando me preguntaban por mi lugar de procedencia, me devolvían expresiones de cara de póquer hasta que pronunciaba las palabras mágicas, "*¿Ronald Koeman?*", efectivamente, fue justo un año después de que el FC Barcelona ganara la primera *Champions League* de su historia (en el año 1992) y, ser de Girona para ellos era ser de un lugar entre la Costa Brava y *Ronald Koeman*.

Sabéis que soy una firme defensora del argumento de que la dimensión del fútbol va más allá del simple deporte, al igual que el deporte español en general, nuestros deportistas de élite, y el deporte aficionado que con sus gestas, sus valores, su personalidad, está construyendo esa verdadera marca España que todos queremos, en la que nos vemos identificados y ~~la~~ que da valor a nuestro país.

Hemos pasado de la sevillana, a la camiseta de *Iniesta;* del abanico de lunares, a la gorra de *Marc Márquez* 93; del llavero de la paella, a la carpeta de los Bulls de *Gasol;* de la moda de España al estilo de *Nadal*. <u>**Nuestros deportistas son de otra galaxia, de esa en la que sólo de pequeños podíamos ver en los ojos de niños otros países**</u>.

4.1.6 Sembrar para recoger

Es por eso que debemos cuidar nuestro deporte desde la base, desde la formación, para que el impulso no cese. Debemos luchar contra la violencia, contra la discriminación, el machismo, contra las injusticias, contra el doping, contra la corrupción dentro y fuera de los terrenos y canchas de juego, para seguir cultivando esa marca España que necesitamos para que los otros sectores puedan seguir liderando. Para que la sociedad se siga impregnando de los valores del deporte, para que nuestros políticos y dirigentes se den cuenta de una vez que el cortoplacismo no nos sirve, los resultados si llegan serán efímeros: hay que invertir en el futuro, nuestro futuro y ése pasa por entender y criticar constructivamente nuestro presente.

Una publicación similar se hizo en mi blog 2.0 personal y en 5 meses ha obtenido **205 visualizaciones, haciendo exactamente lo mismo, es decir, escribir y publicar sin más.*

Joana Egea, Alicante. 29 de Julio de 2015.

BIOGRAFIA

Alicia Pueyo Azuara

Profesional Ejecutiva y Formadora en Pensamiento
Visual. Titiritera. Artesana. Fundadora de Visual Thinking
Leadership

Barcelona y alrededores, España | E-learning

Actual   Xiubid, Kartotxo-Compañía de Títeres Unipersonal, Pasta
          de Papel

Anterior   Spanish Leadership, Instituto Rubió i Tudurí, Escuela de
          Jardinería de Barcelona, Edicions Bellaterra

Educación   Universitat Oberta de Catalunya

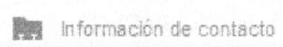
Nació en Barcelona. Es madre de una hija y un hijo. Estudió Jardinería (1992), en la Escuela de Jardinería Rubio i Tudurí de Barcelona (hoy Instituto Rubió i Tudurí, Escuela de Jardinería); Biología, especialidad Fundamental (1995), en la UB; el Postgrado en Diseño de Materiales Didácticos para Entornos Virtuales de Aprendizaje (2001), en la UOC y Multimedia (2004), en la UOC.

De septiembre de 1994 a diciembre de 2013 desarrolló su **carrera docente** en el Instituto Rubió i Tudurí, Escuela de Jardinería. Como profesora desarrolló habilidades pedagógicas, de comunicación y de liderazgo y aplicó metodologías pedagógicas variadas.
Como tutora durante varios cursos, desarrolló habilidades de orientación personal y profesional, de gestión de expectativas y de gestión de conflictos que complementaron su faceta de docente. Como coordinadora (de TIC, de calidad) y jefa de estudios (entre 2001 y 2006), desarrolló habilidades de orientación para la toma de decisiones, negociación y coordinación de equipos, y otras propias de la gestión escolar.

En 2013 empieza una serie de proyectos como emprendedora. Con **Pasta de Papel**, convierte su afición y pasión en un proyecto empresarial de artesanía y formación: diseña y construye piezas por encargo, y también diseña, desarrolla e imparte talleres personalizados, para niños, familias y adultos.

En enero de 2014 pide una excedencia para desarrollar **Pasta de Papel** y funda **Kartotxo**, una compañía de títeres unipersonal desde donde propone y ayuda a crear compañías de títeres familiares y escolares para desarrollar la Comunicación Profunda y Efectiva.

En enero de 2015 aprende a utilizar LinkedIn con Jorge Zuazola y en febrero funda Xiubid, una startup con base en LinkedIn, con la misión de ayudar a que empresarios y emprendedores se conviertan en dibujantes de su pensamiento.

4.2   Validación de la hipótesis de salida de una startup en LinkedIn.

En 2015, mi carta a los Reyes Mayos tenía una sola petición: Training con Jorge Zuazola.

A las 9 h del día 7 de enero empezaba a utilizar LinkedIn de verdad, y a intuir el potencial que tenía para desarrollar negocios. También me daba cuenta que no podía utilizarlo en los proyectos profesionales que tenía entre manos.

Quería experimentar la potencia de LinkedIn y solo podría hacerlo si mis futuros clientes estaban dentro y eran activos. No me quedaba más remedio que empezar un nuevo proyecto.

4.2.1. Proyectos y valores: primero madre, después emprendedora y empresaria

Mi proyecto y mis valores a los que dedico más tiempo son mi familia. No ha sido así en otras etapas de mi vida y es posible que no lo sea en el futuro, pero hoy quiero ser parte de la vida de mi hija de 8 años y de mi hijo de 3 años el mayor tiempo posible. Lo quiero hacer siendo emprendedora y empresaria y que mi familia forme parte de mis proyectos cuando, cuanto y como ellos quieran.

Pasta de Papel y **Kartotxo** son dos proyectos nacidos desde el corazón, de una afición y de una pasión… pero con poco rendimiento económico. Han sido y son mi vehículo de aprendizaje para ser mejor dibujante, escritora, comunicadora y maestra.

Con ellos cultivo los **valores** que quiero para mi vida personal y profesional:
*   Construir relaciones basadas en la confianza y la cooperación, donde el *feeling* se hace crecer porque cada día nos conocemos mejor y donde hay libertad porque hay responsabilidad.
*   Desarrollar mi creatividad, construir con ella y ser inspiración para los demás.

Los dos meses siguientes al training fueron de replanteo profesional profundo en el que las tesis de Cal Newport me dieron base para iniciar un nuevo proyecto. Newport afirma:

> "…skills trump passion in the quest for work you love. 'Follow your passion' is bad advice."[10]

Sus estudios demuestran que cómo haces las cosas es más importante que lo que haces para desarrollar una carrera de éxito. Perfecciona en tu trabajo tus 'Rare & Valuable Skills' (son tu Capital de Carrera), y con ellas podrás realizarte en base a uno o varios de estos rasgos: conexión, creatividad, autonomía y/o impacto.

El 27 de febrero me puse a trabajar en un nuevo proyecto basándome en una de mis 'Rare & Valuable Skill': comunicar con el dibujo. Recuperé mis herramientas, compuse cuatro imágenes para preparar la presentación de **Xiubid** y envié "mi plan" a Jorge para que me diera *feedback*. Jorge me propuso un nuevo *training* para desarrollar el Modelo Estratégico de Ventas desde LinkedIn de mi proyecto. Genial, una metodología práctica y personalizada lista para aplicar el mismo día.

---

[10] http://calnewport.com/books/so-good/

TELÉFONO

CLIENTES

WHATSAPP

CORREO
ELECTRÓNICO

SKYPE

MENSAJES

OTROS
GRUPOS

PERFIL

GRUPO
PROFESIONAL

PÁGINA de
EMPRESA

PUBLICACIONES
en PULSE

PÁGINA de
PRODUCTO

.... relaciones
– · – · – · – · – comunicaciones

xiubid

Alicia Pueyo

✉ alicia@xiubid.com
Ⓢ alicia.pueyo1
📞 +34675971957 🟢
www.xiubid.com

INFRAESTRUCTURA
MÍNIMA VIABLE
en LINKEDIN
para una STARTUP

4.2.2. Infraestructura Mínima Viable en LinkedIn

Con el modelo en las manos, vi que necesitaba simplificar al máximo TODO: estaba iniciando el proyecto desde cero, lo estaba haciendo yo sola, y prácticamente a tiempo parcial. La idea de que estaba lanzando una *startup* unipersonal me abrió nuevas perspectivas.

> "Una *startup* es una institución humana diseñada para crear un nuevo producto o servicio bajo condiciones de incertidumbre extrema."[11]

No necesitaba desarrollar todas las herramientas que proporciona LinkedIn, únicamente una Infraestructura Mínima basada en esta red:
- Mi **perfil profesional** actualizado, con material gráfico enlazado en cada apartado, para explicar mi trayectoria y mi misión con Xiubid.
https://www.LinkedIn.com/in/aliciapueyovisualthinking
- Un **grupo profesional**: Visual Thinking Leadership (VTL), para construir un espacio de intercambio y referencia, con el fin de validar si efectivamente había profesionales interesados en el Pensamiento Visual.
- https://www.LinkedIn.com/grp/home?gid=8264957
Una **página de empresa**: Xiubid, para mostrar el Pensamiento Visual en acción y dar a conocer el proyecto.
https://www.LinkedIn.com/company/xiubid
- Una **página de producto**: Portfolio Xiubid, para mostrar el material gráfico ya entregado a clientes: imágenes, infografías, presentaciones y animaciones donde dibujos y textos se complementan para comunicar profunda y efectivamente.
https://www.LinkedIn.com/company/portfolio-xiubid
- **Publicaciones en Pulse**: para mostrarme como experta y 'pulsar' el uso e interés de los profesionales por el Dibujo Simbólico.
https://www.LinkedIn.com/pulse/qué-edad-dejamos-de-dibujar-alicia-pueyo-azuara

Además, se trataba de utilizar las herramientas 'básicas' de LinkedIn: los **grupos** de los que formaba parte (especialmente los liderados por Jorge Zuazola), la **mensajería interna** para los primeros contactos 'a puerta cálida', y las **herramientas de búsqueda** en cada pantalla.

Fuera de LinkedIn, utilizaría herramientas de comunicación estándar: **Skype**, **correo electrónico**, **teléfono** y **WhatsApp**.

4.2.3. Validación de las hipótesis de salida: métricas y procedimiento

Estas eran mis dos hipótesis de salida:
- Hay empresarios y emprendedores que ven útil la incorporación del Pensamiento Visual en su organización y están dispuestos a pagar por ello.
- De los que quieren incorporarlo, algunos querrán hacerlo ellos mismos, y otros preferirán trabajar a cuatro manos con un facilitador para desarrollar el material gráfico.

Para validar la primera se tendrían que cumplir dos condiciones (adaptadas libremente del método de Ramit Sethi): **conseguir por lo menos 3 clientes** y **facturar por lo menos 1.000 €**. Estas han sido las métricas clave en este periodo.

---

[11] ERIC RIES, *El Método Lean Startup*. Ed. Deusto ediciones. 2012

Xiubid arrancó a mediados de marzo con dos servicios paquetizados como Productos Mínimos Viables:

- ENTRENAMIENTO individual y personalizado en Dibujo Simbólico.
- MATERIAL LISTO para presentar y publicar, construido a cuatro manos.

La aceptación de ambos servicios por parte de los clientes, confirmaría que la segunda hipótesis era cierta.

El procedimiento para ponerme en contacto con mis posibles clientes en esta fase de validación ha sido una adaptación del que recomiendan Jorge Zuazola y Arturo de las Heras para construir redes profesionales. Después de una selección dentro de los grupos y de haber estudiado su perfil, el primer contacto era 'a puerta cálida', mediante mensaje interno en LinkedIn con este título: **¿Me permites presentarte mi proyecto?** En el mensaje destacaba los intereses comunes y hacía una invitación a conectar 15 minutos por Skype.

Durante las dos primeras semanas envié 80 mensajes. Recibí 30 respuestas, hicimos 13 presentaciones y conseguí mis primeros 4 clientes.

En menos de un mes superaba los 3 clientes, el primer hito. El segundo lo alcanzaré durante el mes de agosto, después de 5 meses de arrancar Xiubid. Aunque los ingresos son ridículos para un negocio, el aprendizaje ha sido realmente monumental como emprendedora y *startup*.

Los servicios actuales son un **PMVs 'conserje'**. Ofrezco estos servicios en vida real, consigo clientes que pagan, lo que valida las hipótesis de salida y permite empezar a desarrollar el producto (creación de un equipo y automatización) para cuando entre en la fase de desarrollo del negocio y sea necesario escalar para satisfacer la demanda.

> "En el PMV 'conserje', este servicio personalizado no es el producto sino una actividad de aprendizaje diseñada para probar las asunciones de acto de fe del modelo de crecimiento de la empresa."[12]

4.2.4. Los siguientes pasos

Con 5 proyectos de mediana a gran envergadura y muy diferentes entre sí para el último cuatrimestre de 2015 y para 2016, ahora toca empezar a **desarrollar una organización** acorde con mis valores y con la **misión personal** que ha ido cuajando en paralelo al nacimiento de Xiubid:
"Formarme para transformarme, formar para transformar el mundo"

En el camino, a partir de necesidades concretas de los clientes, estamos desarrollando a cuatro manos herramientas que permiten a las personas y las organizaciones la comunicación profunda y efectiva de sus ideas, proyectos y productos. Conceptos extraordinarios requieren vehículos de expresión extraordinarios. Como muestra, dos ejemplos gráficos de este tipo de conceptos:

- **Tándem Curriculum Vitae Infográfico + Visión de Carrera Profesional Infográfica.**
- **'1-Paper-Sheet-Direct-To-The-Right-Brain'.**

Alicia Pueyo, Barcelona. 30 de julio de 2015.

---

[12] ERIC RIES, *El Método Lean Startup*. Ed. Deusto ediciones. 2012

CV INFOGRÁFICO + VCP INFOGRÁFICA
CV
VCP
xiubid
www.xiubid.com

"1-PAPER-SHEET-DIRECT-TO-THE-RIGHT-BRAIN"
D
I
xiubid
www.xiubid.com

BIOGRAFIA

Catalina Valencia Peña

Marca Personal - Negocios en Internet - Asesora y
Conferencista -Emprendedora

Costa Rica | Formación profesional y capacitación

Actual	Hexagonos, Catalina Valencia
Anterior	Marketing MCR, Texins, STA, Coldatos, Soluciones Creativas S.A.
Educación	Universidad Autónoma de Bucaramanga

Ver perfil como ▼

más de 500
contactos

https://cr.linkedin.com/in/catalinavalencialeadership   Información de contacto

Su misión profesional es compartir e inspirar a las personas para que logren un impacto positivo y reputación profesional con su marca personal

Imparte talleres, capacitaciones y asesorías para quienes requieren usar Internet como herramienta de negocios y buscan dar visibilidad a su marca, conseguir prospectos y clientes.

Catalina Valencia Peña tiene más de 13 años de experiencia en Internet. Ha dictado talleres prácticos y seminarios en Colombia, Costa Rica, Chile y Miami. Su portafolio de clientes incluye empresas como: Inmark, Seguros BMI, SURA, OMD, INCAE, Hulbert Volio Parajeles, para citar algunos ejemplos.

4.3 ¿Tienes un estilo único que te diferencia en lo que haces?

He preguntado a muchas mujeres y varias concuerdan que como mujeres en este siglo XXI, tenemos el reto de enfrentarnos a un mundo en donde queremos dejar una huella, un legado, marcar una diferencia.

Personalmente creo que si queremos cumplir esa misión, debemos marcar hitos en el tiempo y la mejor forma de hacerlo es apoyarnos en la tecnología e invertir en construir nuestra marca personal, que podría llegar a ser narcisista, altruista o profesional y pero lo verdaderamente importante es que sea autentica, transparente y visible.

Si te interesa poder conseguir prospectos y clientes por medio de LinkedIn, entonces este capítulo será de gran importancia, porque revelaré algunas ideas que he probado y compartido. Mientras lo lees puedes elegir con cuales te identificas y pensar en aplicar la o las que más le guste.

4.3.1 Conversaciones Humanas

Las comunidades humanas se basan en el dialogo de inquietudes que tenemos. Todos sin excepción tenemos algo que decir acerca de la salud, la riqueza, las relaciones, el crecimiento personal y el entretenimiento. Lo bueno de las conversaciones humanas, es que por alguna razón que ha estudiado la neurociencia, las mujeres desde las épocas de las cavernas aprendimos a generar mayor empatía con las personas y desarrollamos importantes habilidades de comunicación. No estoy dejando de lado a los caballeros; lo único es que con estas palabras, busco apelar a que recuerdes que LinkedIn es una red, en donde se debe generar un interés genuino en las personas y con tus comunicaciones, debes seducir, con tus palabras; persuadir con imágenes y dirigir con enlaces para que obtengas respuestas.

4.3.2 Sobre la Influencia

Algunas personas tienen mayor influencia que otros y esto es por el hecho de que han invertido mayor tiempo, dinero, esfuerzo y energía. Hace años sólo las personas que tenían acceso a la prensa podían llegar a alcanzar esta influencia; pero con la ayuda de LinkedIn, tu fotografía y tu mensaje, puedes llegar a construir una poderosa Marca Personal. Piensa por tan solo un momento...como hoy tenemos más acceso a la información, podemos conectarnos con quien queramos y hacer inteligencia colectiva.

El verdadero poder de la inteligencia colectiva, se encuentra cuando descubres que no es un juego. Observa a su alrededor y ve cómo el mundo ha cambiado, cómo hoy no existen excusas para criticar, nos encontramos ante problemas, desafíos, situaciones que nos molestan e incomodan y la tecnología nos ha demostrado, que no necesitamos ser expertos para comunicar, para alzar la voz, para unirnos alguna causa...
Ya no hay barreras, nuestras acciones pueden generar un impacto, para que las cosas sean mejores o peores.

4.3.3 El trabajo colaborativo

En estos tiempos en donde las compañías se preocupan por los *Millennials* -esos chicos y chicas, libres, audaces, inteligentes, que saben vivir y que nos desconciertan tanto- necesitamos hoy más que nunca, enfocarnos y canalizar nuestra energía en encontrar embajadores de marca, profesionales comprometidos: personas conectadas emocionalmente con su trabajo, compañeros y equipos que les impulsan a mejorar y transmitir una comunicación coherente. Hoy necesitamos en las empresas líderes influenciadores que sepan cómo retener el talento y ganarse el respeto.

¿La percepción que tienen de ti las personas, se acerca a la realidad que quieres proyectar?

No quiero despedirme sin antes preguntarte si tienes una idea, un proyecto, un sueño, una meta que quieras alcanzar. Si no lo has pensado, te invito a que lo reflexiones y si lo tienes claro, me gustaría saber si lo que comunicas en tus redes sociales está alineado a lo primero.

Queda abierta la invitación para que me contactes a través de LinkedIn. Me encantaría conocerte, ya que tengo un interés genuino por conocer acerca de lo que quieres alcanzar.

Catalina Valencia, Costa Rica. 31 de julio de 2015.

CAPÍTULO 5

Por Ronald Charles Stern

http://www.LinkedIn.com/in/ronaldsternconsultants

5. Inteligencia espiritual base del mejor leadership

La 'Dirección Indirecta' 'Inteligencia Espiritual'® y LIDERAZGO
(por Ronald C. Stern)

'Dirigir' hoy, ya no es suficiente. Es necesario LIDERAR. ¿Por qué? – Solo 'dirigir' es suficiente cuando hay calma chicha. Pero cuando hay tormenta; cuando hay muchos cambios, y algunos de ellos traumáticos, solo se puede ganar la 'Guerra del Marketplace' consiguiendo LIDERAZGO en la organización:

✔

Dirigir requiere planificar y presupuestar; LIDERAR, además, requiere poner

RUMBO a la organización.

✔

Dirigir requiere controlar y resolver problemas; LIDERAR, además, requiere conseguir MOTIVACIÓN en las personas

. Convertir problemas en nuevas OPORTUNIDADES.

✔

Dirigir requiere organizar recursos y puestos; LIDERAR, además, requiere ALINEAR personas hacer que remen en la misma dirección.

¿Cómo se entienden la 'Dirección Indirecta' y la 'Inteligencia Espiritual ® 'como elementos básicos del LIDERAZGO?

Ronald C. Stern es Chairman de STERN INTERNATIONAL, Top-Management Consultants, www.sternconsultants.com

.
Ha introducido en España la práctica de conceptos como Liderazgo o Coaching hace 34 años. Antes de Consultor ha sido Top-Manager con éxito destacado; está, por ejemplo, entre los 5 directivos que salvaron a la industria relojera suiza ante los ataques de los japoneses. Es suizo, ha vivido en 12 países y domina 5 idiomas. Es experto en Top-Management.

Contenido de este capítulo

1. La Dirección Indirecta y la 'Inteligencia Espiritual

2. ¿Cómo auto-organizarse?

5.1 ¿Qué entendemos por 'Dirección Indirecta'?

La influencia y el cambio de nuestros comportamientos no surgen exclusivamente entre personas. Nuestro comportamiento es condicionado en gran parte por nuestro inconsciente, por todo aquello que impacta de forma indirecta en nosotros. Cuando nos aproximamos a un semáforo rojo, nos paramos de forma inconsciente, sin que nadie nos lo haya dicho antes.

La 'Dirección Indirecta' trata de influir de la misma forma en el comportamiento de las personas. Eso, de alguna manera, también significa desligar la dirección del exclusivo ámbito de persona a persona. Vamos más allá del Desarrollo Personal, al Desarrollo Organizacional, ya que es obvio que la influencia en nuestra manera de hacer las cosas no solo parte de la actuación de otras personas, sino que en una organización existen otras fuentes de influencia, aparte de las personas, que debemos utilizar.

Esa forma de 'dirigir', a primera vista, puede parecer negativa, o puede ser interpretada como una forma de manipulación. Precisamente por eso, también es importante conocer esa forma de dirigir. Para aplicarla bien. La 'Dirección Indirecta' se distingue de la dirección directa (la tradicional) en puntos muy relevantes. Pero podemos enfatizar la diferencia con una cita del 'Pequeño Príncipe' de Antoine de Saint-Exupéry. "Si quieres construir un barco, no intentes reunir a hombres para que busquen madera, para darles encargos y organizarles su trabajo. Enséñales e inspírales para que tengan anhelo, visión y pasión por la altamar, por el viaje y el descubrimiento".

La metáfora demuestra que hoy un proyecto ya no se enfoca de forma directa, como tarea o trabajo a repartir. Es fundamental dedicarse antes a los factores mentales y 'climáticos', es decir crear ideas, visiones, horizontes que hagan apetecible y atractivo acometer el proyecto por parte de las personas. Que hagan el proyecto suyo. Es hoy la única forma de acometer un proyecto ambicioso con posibilidades de éxito para ganar al principal competidor. Y es lo que llamamos en STERN INTERNATIONAL 'Inteligencia Espiritual ®'; la capacidad del Líder de darle sentido hasta a la tarea más insignificante. Significa un compromiso claro e indiscutible con los principios morales y éticos de nuestra civilización y tradición judeo-cristiana occidental.

Otra consideración con respecto a la 'Dirección Indirecta' es la disposición al rendimiento como resultante. La disposición al rendimiento es una resultante de competencias, habilidades de un ambiente más o menos propicio para ello. Crear un ambiente propicio para que la gente esté motivada y se sienta orgullosa acometiendo retos (a los que otros no se atreven), demuestra capacidad de LIDERAZGO a través de la 'Dirección Indirecta'.

En la dirección directa siempre es una persona la que influye, a través de los factores arriba mencionados, en el comportamiento de los colaboradores. En la 'Dirección Indirecta' los factores de influencia son mucho más sutiles y subliminales. Ya que las organizaciones tienen jerarquías, el comportamiento de un empleado con el Presidente no será el mismo como con su compañero. Lo cual demuestra que simplemente la estructura organizativa de por sí, influye en los comportamientos de las personas. La 'Dirección Indirecta' debe de contrarrestar influencias que coartan o cohíben la autonomía, la iniciativa y la creatividad de las personas. La 'Dirección Indirecta' debe de facilitar un marco operativo de los comportamientos más amplio que el restrictivo de la jerarquía.

- ➢ Dirección Directa
- ➢ Dirección Indirecta
- ➢ Dar instrucciones
- ➢ Estructura Organizacional fluida y adaptable
- ➢ Dar consejos
- ➢ Sistema de recompensas material/no material
- ➢ Transmitir convicción
- ➢ Estrategias como escaleras facilitadoras
- ➢ Enviar Memorándum
- ➢ Crear políticas y métodos claros
- ➢ Amonestar, advertir
- ➢ Crear marco de información y transparencia
- ➢ Apoyar
- ➢ Poner al servicio los sistemas de comunicación
- ➢ Controlar
- ➢ Sistemas de control asequibles y transparentes

5.2   La Auto-organización

La auto-organización responde a la naturaleza humana. Sin embargo, cuanto más compleja es la estructura de una organización, más difícil es dirigirla única y exclusivamente a través de la jerarquía. Si una empresa opera de forma global, sus unidades y sus operaciones locales deben estar organizadas de forma descentralizada, es decir, disponer de una cierta autonomía para su auto-gobierno. Para eso es necesario que en la empresa sea posible una comunicación abierta y se dé un feedback constructivo.

Solo así es posible la descentralización y un cierto grado de auto-gobierno con éxito. La influencia del ambiente es muy fuerte en el comportamiento de las personas. Cuando las personas ven un horizonte atractivo, adquieren una visión que les estimula, sus cometidos tienen mucho sentido para ellos y se les transmite confianza, entonces también son capaces de lograr rendimientos superiores. Reducir el peso de la jerarquía, dar feedback y permitir la participación de las personas en los objetivos dela organización, son claves para una eficaz auto-organización y, por lo tanto, para el éxito de la organización como tal.

5.3   Cultura de Empresa

Como ya hemos visto, el ambiente influye fuertemente en el comportamiento de las personas. La definición más amplia de ese 'ambiente' lo podemos llamar 'Cultura'. La Cultura de Empresa incluye temas tan importantes como Filosofía de Empresa, Ética Empresarial, Identidad Corporativa etc. La filosofía transmite el sentido de las actividades, mientras la ética habla de valores en los que se fundamenta toda colaboración. Finalmente, la identidad corporativa es la forma de expresarse de la empresa, por activa y pasiva, hacia adentro y hacia fuera.

La Cultura de Empresa es una forma de 'Dirección Indirecta' ya que crea una percepción de la empresa en las cabezas de las personas relacionadas con ella. Quizá es el factor diferenciador más importante de la empresa frente a sus competidores, a la vez que un estímulo importante del motor interno de las personas a favor del proyecto común.

5.4   Feedback

El feedback forma parte de los instrumentos de la 'Dirección Indirecta', siempre y cuando se consigue una comunicación libre y abierta en la organización. Obligar a la gente a emitir informes no tiene nada que ver con feedback.

Feedback es una cosa voluntaria que surge de forma espontánea de la comunicación abierta; mientras que la presión por informar solamente pone puertas al campo y genera posturas defensivas. Sistemas de feedback son imprescindibles en una organización.

En primer lugar, porque los colaboradores deben de saber lo que han hecho bien y, también lo que han hecho mal. Si existe una comunicación abierta, también es más fácil la crítica (por favor sin el eufemismo de la crítica 'constructiva'. Crítica es crítica.). Con una buena comunicación la crítica es aceptable y se consigue motivación, se mejora lo que hay que mejorar.

Por eso es importante saber, que todo feedback, no solamente la crítica, debe de ir acompañado por el expreso aprecio a la persona (crítica sin aprecio = desprecio. Del desprecio a la enemistad hay poca distancia). Quien no es capaz de transmitir aprecio, no puede ser líder; tampoco debería de ser jefe. Herir a las personas es grave. Siendo jefe, mucho peor. Ser Jefe y ser líder son profesiones muy serias. Son profesiones en las que hay que ser un profesional como comunicador. Eso hay que aprenderlo y hay que entrenarlo. Es sorprendente cuantos Directivos no son conscientes de eso y no estiman ni importante ni necesario aprenderlo. ¡El mundo corporativo tiene que volver a aprender a tratar bien a la gente!

No es fácil practicar un feedback de calidad. Es difícil aprenderlo; hay que entrenarlo y mejorarlo continuamente. Es importante saber escuchar hasta la última gota y ser buen observador. No solo es importante lo que se dice, sino cómo se dice (en Suiza existe el dicho 'c'est le ton qui fait la musique'). El tono, la cara, la postura y un largo etc. – La calidad del feedback la podemos analizar con tres preguntas

1. ¿Qué es lo que me ha llegado? - ¿He entendido de verdad a la otra persona? (no interpretado)

2. ¿Qué emociones suscita en mi lo dicho?

3. ¿Cómo voy a valorar lo dicho?

5.5   Motivación

Para dirigir a los colaboradores con éxito, insisto, es importante crear un entorno propicio. Los siguientes factores influyen fuertemente en su motivación:

• Complicidad en conocimientos e información (pocos o ningún secreto)

- Complicidad en pensamientos (compartir ideas, sueños, proyectos)

- Complicidad en sentimientos (a las personas nos mueve el corazón, no la cabeza)

- Complicidad en decisiones (ser un libro abierto, antes de decidir)

- Complicidad en acción (como en el deporte)

- Complicidad en responsabilidad (cada colaborador mano derecha en algo)

- Complicidad en pensar como empresarios (estimular ideas e iniciativa)

Objetivo declarado de la 'Dirección Indirecta' es construir y mejorar continuamente las condiciones y el ambiente propicio para que la gente se motive con retos superiores y consiga un rendimiento muy superior a la media.

Hay que dejar de dar 'encargos'; darle más auto-estima y más autonomía a la gente, hacer que generen más ideas. Tener a colaboradores que trabajan con objetivos propios, delegando autoridad en ellos.

En el actual 'Reino del Cliente', colaboradores motivados con autonomía, resolverán mucho mejor los 'momentos de verdad' con el cliente. Piensan y actúan por iniciativa propia y en bien del interés común. La Motivación de los colaboradores es una combinación entre la 'Dirección Indirecta' y la tradicional directa. Es importante estimular en la gente un espíritu emprendedor, una cultura de experimentación, de asumir un cierto riesgo.

Por lo tanto son los líderes, los que tienen que asumir los errores de la gente. Quién no se equivoca, no aprende y tampoco nunca hará algo especial. **'Don Perfecto' no vale para líder.** La base de todo es la confianza. Un buen líder cree más en el mejor yo de sus colaboradores que ellos mismos. Es el que sabe sacar lo mejor de cada cual. Y al mismo tiempo está al tanto de lo que ocurre y delo que es mejorable. No es una contradicción.

5.6 'Inteligencia Espiritual'®, conclusión

"El máximo nivel de las funciones biológicas es lo que llamamos 'espíritu'. El espíritu no es algo separado de lo biológico, es su máxima expresión en los humanos"
(Antonio R. Damasio*)

La Inteligencia Espiritual® es un nuevo concepto y una nueva filosofía en la dirección de organizaciones. No contempla al ser humano como una rueda de engranaje de la organización, sino que lo ve como fuente de procesos, estructuras y de todos los valores resultantes de una organización de 'Knowledge-Workers'.

La diferencia entre todos los demás seres vivos y los humanos, es la unidad de su estructura biológica con su máxima expresión como persona: su espíritu. A imagen y semejanza de su creador. Pero a imagen y semejanza en su totalidad y no solo en parte. Enfocar el trato humano, teniendo en cuenta la totalidad de la persona y sus potencialidades, lo llamamos en STERN INTERNATIONAL 'enfoque sistémico' (según Peter Senge del MIT). Significa contemplar la irrenunciable unidad entre espíritu y ser, único en el ser humano y, sobre todo: tenerlo en cuenta a la hora de querer dirigirle y liderarle. La Inteligencia Espiritual ®respeta y amplía la dignidad humana, a la vez que potencia la disposición de servicio de las personas a favor de un destino común y un futuro mejor.

*Antonio R. Damasio nació en Portugal. Vive y trabaja desde hace más de 20 años en USA. Es uno de los más destacados investigadores del cerebro humano. Es profesor de Neurología y Catedrático de Ciencias Cerebrales en el College of Medicine de la Universidad de Iowa. También es Profesor en Ciencias Neuronales en el famoso Salk Institute for Biological Studies en La Joya, California. Uno de sus últimos libros tiene el título "El Error de Descartes" (Bolsillo/Crítica/2001).

La 'Inteligencia Espiritual'® es la capacidad de 'IMPREGNAR' todo lo que se hace, o lo que se deja de hacer, con sentido, destino, dirección, rumbo. Un viaje adquiere su sentido por su rumbo. Y el rumbo por su destino.

Hoy se suele sobre-enfatizar la importancia de la ciencia en el Management, mientras se ignora su arte a la vez que se desprecia su oficio; dejando así una visión distorsionada de su práctica. Existe una urgente necesidad de volver a un estilo de Management más comprometido, que permita conseguir organizaciones más fuertes y no meras burbujas de su valor en bolsa. La 'Inteligencia Espiritual ® es la capacidad del Líder de darle sentido hasta a la tarea más insignificante. Significa un compromiso claro e indiscutible con los principios morales y éticos de nuestra civilización y tradición judeo-cristiana occidental.

Dirigir personas es un arte que requiere 'Inteligencia Espritual'. El que enfoca hoy el éxito de la empresa como puro resultado de análisis y de técnicas, no entiende su dimensión verdadera. La humana. Es necesario volver a humanizar la empresa. Y eso trasciende del corto plazo al medio y largo plazo, porque requiere la apuesta de todos. Humanizar la empresa significa conseguir más rendimiento de las personas. Pero rendimiento sostenible a medio y largo plazo, tan necesario para la supervivencia de la empresa; como en un barco en tormenta. Solamente se salva, si la tripulación no se agarra con las dos manos. 'Un marinero de ley guarda una mano para sí, y la otra para el rey' – El rey es hoy el proyecto común a favor del cliente.

La 'Inteligencia Espiritual'® es un concepto descubierto, desarrollado y registrado por Ronald C. Stern en 1999. Stern es Chairman de STERN INTERNATIONAL, Top-Management Consultants, www.sternconsultants.com. Ha introducido en España conceptos como Liderazgo, Coaching o Cultura Empresarial al mundo del Management en 1980. Antes de Consultor ha sido Top-Manager con éxito destacado; está, por ejemplo, entre los 5directivos que salvaron a la industria relojera suiza ante los ataques de los japoneses. Es suizo, ha vivido en 12 países y domina 5 idiomas. Stern basa su expertise en Top-Management en 45 años de experiencia profesional con éxito sobresaliente. STERN INTERNATIONAL se fundó en 1999, como continuación y sustitución de GustavKäser Training (fundada por Stern en 1980); la entonces mayor compañía de Management-Training en España, con una facturación superior a 1000 millones de Pesetas anuales. Gracias a la independencia y solvencia, tanto económica como profesional, de STERN INTERNATIONAL, esta ha podido re-inventar su expertise de 24 años, dedicando su trabajo durante 3 años y medio (entre 1999 y 2003) casi exclusivamente a la investigación seria y rigurosa de más de 5'000 publicaciones en distintos idiomas (la mayoría de ellas libros) y de su base de datos que consta de apuntes de trabajo conjunto con más de 15'000 directivos españoles desde 1980. Uno de los resultados importantes ha sido el desarrollo y la ejecución práctica de la 'Inteligencia Espiritual'® en organizaciones punteras.

El mundo de las organizaciones tiene que volver a aprender a tratar bien a su gente.

Hay que volver a invertir en el alma de la empresa: Las personas. Todas las personas deben de tener la oportunidad de gestionar con decisiones propias.

IBM Business Consulting Services evaluó las respuestas de 456 CEOs (Global CEO Study 2004) en todo el mundo. La opinión resultante fue, que a lo largo de los últimos años se han hecho grandes esfuerzos en costes, estructuras y tecnología. Pero, que eso es totalmente insuficiente para ganar la 'Guerra del Marketplace'! - Que es necesario volver a conseguir más capacidad de liderazgo humano.

Además: Por primera vez en la historia de la humanidad necesitamos ser capaces de emplear en las organizaciones grandes números de personas con un alto nivel de conocimientos para realizar el trabajo productivo. Estamos hablando del 'Knowledge-Worker' (Trabajador del Conocimiento). Los paradigmas dela gestión científica de Taylor ya no valen para ese nuevo universo. Pero, lo más importante: El mundo ha cambiado de forma radical desde 1995. La combinación de varios procesos de cambio y su coincidencia con la innovación tecnológica han puesto al cliente en el asiento de piloto de la economía. ¡Hoy el cliente es Rey! – ¡Estamos ante la necesidad de importantes cambios!

:

☛ ¡EL CLIENTE ES REY! – Visión que exige una Re-Orientación implacable a mercado y clientes.

☛ Para eso hay que empezar con la motivación y el alignment de las personas en la organización. Si se trata bien a los empleados, éstos tratarán bien a los clientes. Si los clientes se sienten bien tratados, volverán. Lo último lo agradecerán los accionistas. ¡La única motivación y el único alineamiento válidos y con resultados!
☛ ¡Todo eso requiere un nuevo LIDERAZGO!

El 'Nuevo STERN LEADERSHIP-COACHING' Consigue esos cambios, empezando arriba; con el Comité de Dirección de la Empresa. Las palabras puede que convenzan. Pero eso no es suficiente. ¡El ejemplo arrastra! – ¡Es el Comité de Dirección, que tiene que 'arrastrar' primero a los demás. Con su ejemplo!

Fuentes:

Bartscher, Thomas: 'Formen der indirekten Führung'. Carlzon, Jan: 'El Momento de la Verdad'. Damasio, Antonio R., 'El Error de Descartes'. Drucker, Peter F.: 'Management Challenges for the 21st Century' (2000).Kant, Immanuel: 'Crítica del Discernimiento'. Hammer, Michael: 'Agenda' (2001). Saint-Exupéry, Antoine: 'Le Petit Prince'. Stern, Ronald C.*: 'Liderazgo no es Carisma' (2004). And contributions from: Nicholas G. Carr; David Champion; Clayton M. Christensen; Juan Enriquez; Philip Evans; Ray A. Goldberg; John Hagel III; Gary Hamel; Paul Hemp; David Kenny;John F. Marshall; David Morrison; Michael Overdorf; Deval Parikh; Mohanbir Sawhney; Ricardo Semmler; Marc Singer; Adrian J. Slywotzki; Richard S. Tedlow; Kevin Werbach; Richard Wise; Thomas S. Wurster; all between 1999 and 2002.

STERN INTERNATIONAL®
Top-Management Consultants for Human Behaviour
DEUTSCHLAND • ESPAÑA • OESTERREICH • SUISSE • UK • USA
Presidente Ejecutivo
Ronald C. Stern, Madrid, España.

Consejeros
Dr. med. Robert Stern, Médico, Teniente Coronel,
Estado Mayor, Ejército Suizo,
Berna, Suiza.
Richard Stern, Sacerdote, Doctor en
Teología, Psicólogo,
Berna, Suiza.

Autor: Ronald C. Stern
© Copyright N.
o
140205 by Iverna Enterprises Corp., Tortola

®

Top-Management Consultants for Human Behaviour

Pensamiento, 29
El Soto de la Moraleja - Alcobendas
28109 Madrid
SPAIN

web:
www.sternconsultants.com
e-mail:
sterncktraining@ctv.es

phone:
+ (34) 91 650 94 94
fax:
+ (34) 91 650 33 46

CAPÍTULO 6

Por Raúl Tijero Vallejo
https://es.LinkedIn.com/in/tijeroexcellencelogistics

BIOGRAFIA

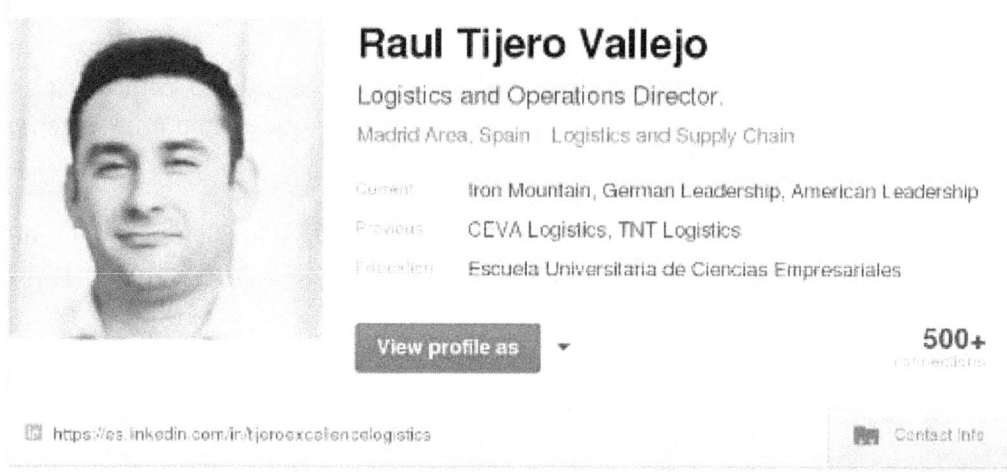

Experto en operaciones con enfoque a la cadena de suministro orientado hacia el liderazgo de operaciones que requieren la optimización de procesos y en los que intervienen equipos.

Raúl comenzó trabajando en el año 99 en las operaciones logísticas de un gran fabricante de la automoción dentro de la infraestructura de TNT Logistics. En el mismo tuvo la gran suerte de liderar varios equipos humanos grandes en número de personas y sobre todo en talento. Con el tiempo fue necesario buscar nuevos horizontes y aprovechó la oportunidad que el grupo TNT le ofreció para tener una experiencia internacional como Lean Expert en sus inicios hasta continuar como responsable y formador de expertos durante 2 años. Esta experiencia con otras culturas amplió su perspectiva y consiguió hacer crecer sus habilidades de comunicación siendo una de las claves de liderazgo para avanzar en cada proyecto.

En el año 2006 comenzó el reto de arrancar un proyecto dentro del área de transporte y distribución en una estructura de red nacional y capilar compleja que conllevó al cabo de 2 años la coordinación de toda la actividad de automoción, recambios e industria para Iberia priorizando los proyectos de optimización, Lean Logistics, estandarización de procesos cliente y participando activamente de las implantaciones de la compañía dentro del nicho de electrónica de consumo para grandes clientes.

Desde el año 2010 lideró todas las actividades logísticas del grupo CEVA Logistics para la zona centro basadas en Madrid con varios proyectos interesantes como optimización de áreas geográficas, gestión de redes de transporte, creación de una control tower enlazada con los hub logísticos europeos y el movimiento de operaciones logísticas complejas entre diferentes depositarios así como consolidación de los mismos.

Desde 2013 es el responsable de operaciones para la zona centro en Iron Mountain, líderes mundiales en la gestión de la cadena de información con una orientación hacia las operaciones y siempre dentro de la internacionalización que requieren cada vez más los procesos logísticos y el enfoque claro hacia el cliente internacional.

Raúl comenzó en 2012 la creación de Logistics Management Leadership después de conocer a Jorge Zuazola aplicando paso a paso los principios definidos en Spanish Leadership sobre como aportar valor a las empresas y realizando proyectos de consultoría de operaciones y venta dentro de área logística.

Es Diplomado en ciencias empresariales y ha realizado como varios estudios de postgrado como el master en Supply Chain por parte de la Fundación Icil o la Executive Education para el desarrollo de manager y directivos en Esade.

6. Simplicity un world-wide leadership trait

6.1. Simplicidad como formato.

Cuando queremos hacer llegar nuestro mensaje, punto clave en cualquier entorno empresarial, es muy importante que el mensaje sea de fácil transmisión, comprensible y que llegue a las personas que queremos alcanzar.

En esta parte mi experiencia con Logistics Management Leadership ha sido clara. Si queremos conectar con nuestro público objetivo debemos ser muy simples, rápidos y claros. Esto nos permitirá hacer llegar nuestro credo de forma clara y sin distorsión.

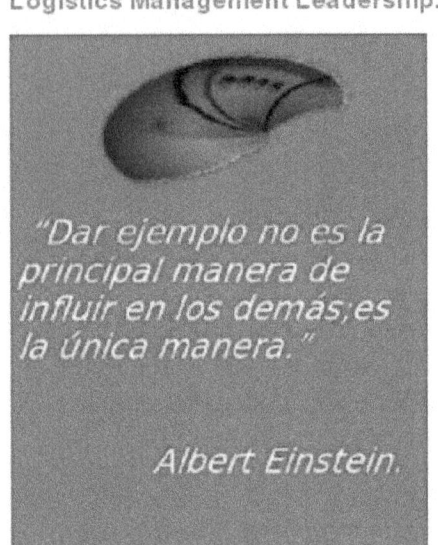

Logistics Management Leadership.   Delete

"Dar ejemplo no es la principal manera de influir en los demás;es la única manera."

Albert Einstein.

www.logisticsmanagementleadership.com

Organic ⓘ
Targeted to: All Followers

3,111 impressions   **32** clicks   **24** interactions   **1.80%** engagement

Sponsor update

Like (29) · Comment (2) · Pin to top · 3 months ago

Logistics Management Leadership, Claudia Lopes Sanches +27

Mi sugerencia es que aprovechéis rápido el tiempo de atención de los que nos interesan. En una frase se pueden posicionar muchos conceptos que definen como somos y que vendemos. Mensajes cortos y preparados atraen la atención de quien le interesa el liderazgo y tu nicho y como es habitual no tiene tiempo, como todos.

Es prioritario elegir nuestros objetivos. Debemos hacer un plan sencillo para llegar a los mismos. Los pequeños negocios que van bien, con el adecuado grado de simplicidad pueden ser mucho más competitivos.

"Crea tu negocio, dentro de las áreas que conoces céntrate en 3 de aquellas que dominas y te diferencian y entonces elige aquellas que te apasionan". Raúl Tijero.

6.2. Creación y difusión de contenidos interesantes para el público objetivo.

Siempre deberemos conseguir que la forma de generar interés alimente nuestro negocio. Esto se puede conseguir con grandes artículos técnicos, los cuales son difíciles de comprender para casi todo el mundo, o bien a veces con simples frases de personas de prestigio que puedan ser aplicables a tu actividad.

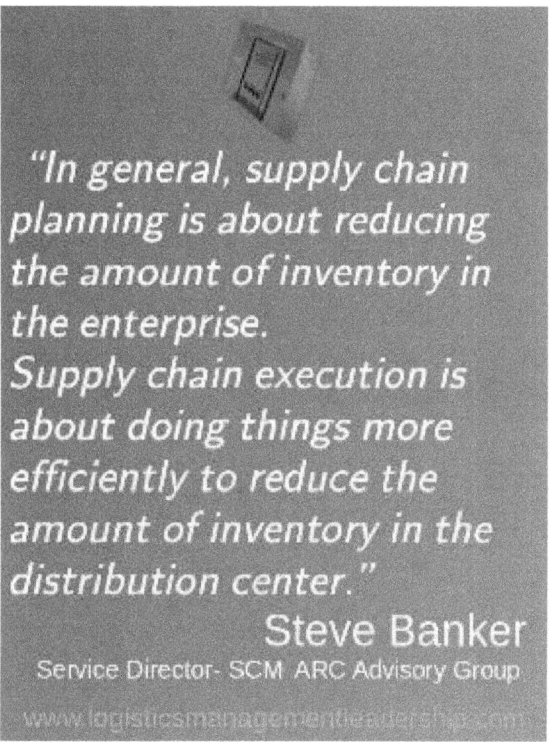

Enlaza siempre tu nicho o sector en el que eres experto con el liderazgo que quieres mostrar a tu público. El mismo estará formado por tus clientes futuros y actuales o bien por tus próximos colaboradores. Siempre es importante aportar valor y que hay más breve y sencillo que una diapositiva que puedes configurar tú mismo y que muchas personas tienen interés en leer.

Muestra mensajes que enlazan con los intereses de las personas y clientes de tu nicho. Siempre debes tener en mente que el mundo es un proceso de cambio continua y para despertar y mantener el interés de las personas es necesario cambiar. Innova en tus mensajes, cambia, prueba, falla, vuelve a fallar y haz algo interesante y agradable. Tan importante es lo que hacemos como lo que los demás perciben que hacemos. Una de las claves es la innovación.

6.3. Segmentación y seguimiento de oportunidades.

Una opción más que interesante es comunicarse siempre con respeto y utilizando la asertividad.
A la vez tenemos a nuestro alcance el mejor medio para la difusión de nuestro producto o servicio. LinkedIn nos permite segmentar y crear el mensaje adecuado. La difusión vía web 3.0 nos permitirá hacer llegar información clave a los clientes potenciales, los cuales ya están interesados por los contenidos previamente compartidos.

La simplicidad la conseguimos cuando todo el mundo puede entender fácilmente el uso y el diseño, la experiencia de uso. Resaltemos entonces la información importante y sobre todo, seamos breves.

Una prioridad será en nuestro caso contactar con aquellas personas que manifiesten interés por nuestra oferta. Debemos siempre aportar valor cuando lo requieran en un lenguaje comprensible. Un factor que no debemos olvidad será el realizar seguimiento de aquellas personas claves en nuestra red de las cuales tengamos conocimiento que puedan convertirse en clientes.

Ofrecer contenidos se vuelve fácil cuando tenemos claro nuestro objetivo y el plan. En un entorno de internacionalización debemos pensar en quien puede ser nuestro cliente. En entornos locales utilizaremos el español como vehículo conductor. Para nichos en el que nos interesa llegar a otras culturas y personas porque los factores de decisión estén posicionados fuera de España, nos interesará utilizar otros idiomas y por supuesto debemos pensar en el inglés como opción 1.

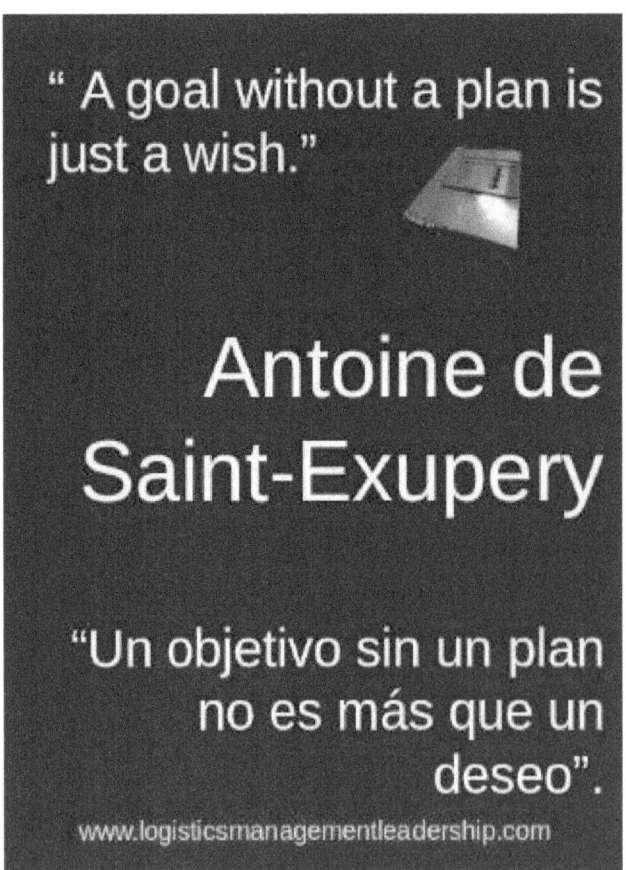

No olvidemos elaborar nuestro material en el idioma lógico para utilizarlo como autopista hacia el cliente en el mismo mensaje o simplemente en varios repetidos adaptados al objetivo que tenemos.

6.4. Monetiza las oportunidades.

Elige tres conceptos claros, simples y concretos que puedes explicar sin soporte de una forma que pueda entender tu cliente. En un medio como ya sabemos que es la red, famosa por la sobrecarga de información, la simplicidad es un valor extraño y maravilloso.

Dentro de tu cartera de productos y servicios es muy recomendable que seas capaz de explicar tu oferta como una suma de procesos lógicos que aportan un valor a los clientes.

Cuando una persona contacte contigo para solicitar tus servicios ofrécele una atención siempre necesaria para que entienda que puedes hacer por él y se asertivo en el coste de los servicios base como fuente del negocio. Escucha con atención para encontrar los puntos en común de colaboración y siempre prioriza aquellas operaciones en las cuales eres un experto.

Por último, gestiona las expectativas. Has llegado hasta aquí, tienes un cliente al otro lado del teléfono. Ten claro que necesita el cliente y que puedes aportar con tu empresa. Se asertivo y claro. Mantén las expectativas al nivel correcto y no olvides cumplirlas, sobrepasarlas para ser claro, con el fin de asegurar la satisfacción del cliente.

Mi definición del arte de simplificar sería: Ser persistente para estar siempre centrado en mis objetivos, tener la habilidad de decir no cuando algo no encaja en mi plan y tener paciencia, mucha paciencia, para ser coherente y consistente con mi credo.

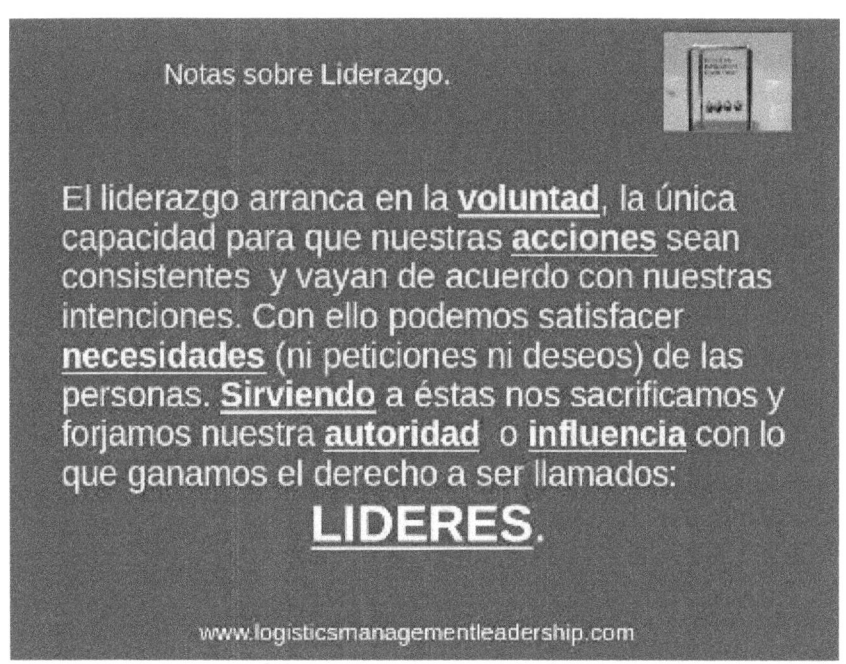

Raúl Tijero, Madrid (España), 30 de Julio de 2015.

CAPÍTULO 7

Por Javier Iparraguirre

https://es.LinkedIn.com/in/jiparraguirredirectorcomercial/es

BIOGRAFIA

Javier Iparraguirre Grande

Consultancy and Business Development Expert 3.0.
Open to connect

Madrid Area, Spain | Information Technology and Services

Current: atSistemas, Technological Business Development
Leadership, Spanish Leadership

Previous: Mnemo, Accenture

Education: Escuela de Sistemas Informáticos (ESI)

View profile as ▼

500+
connections

https://es.linkedin.com/in/jiparraguirredirectorcomercial

Contact Info

Nacido en Madrid, de 47 años, Técnico Informático por la Escuela de Sistemas Informático (ESI).

Miembro de la AEPDP (Asociación Española de Profesionales de Dirección de Proyectos), Scrum Management Profesional, SMP®.

Comencé mi carrera profesional en Coritel – Andersen Consulting, la actual Accenture, donde desarrolle gran parte de mi carrera profesional hasta llegar a Senior Manager, trabajando principal mente para las principales entidades financieras de este país.

En 2006 me incorporé a Mnemo Evolution & Integration Services, con el objetivo de desarrollar nuevos servicios de valor añadido, donde fui Gerente, Director de Consultoría y por ultimo Director de Desarrollo de Negocio de una unidad donde facturábamos 15 millo de euros.

En 2015 me incorporé a atSistemas como Business Development Manager, con la responsabilidad de hacer crecer la cuenta de unos de los principales bancos de este país, y aperturar nuevas cuentas.

Aunque he trabajado principalmente en Madrid, he desarrollado actividades en Barcelona, Valencia, Alicante, Sevilla, Bilbao, San Sebastián, León, Costa Rica y Miami.

Apasionado por la tecnología y del mundo Apple, el Real Madrid y la música.

Fundador de la Marca Technological Business Development Leadership, de la cual posee el grupo y página de empresa del mismo nombre.

Como miembro de Spanish Leadership, intento ayudar a PYMES y Emprendedores a crear su marca en LinkedIn y generar leads cualificados.

7. Humildad en darte cuenta de tu retraso 3.0 te abrirá varias vías monetizadoras

Me gustaría empezar este capítulo con una cita de Humildad y Liderazgo, que son dos de las esencias de Spanish Leadership.

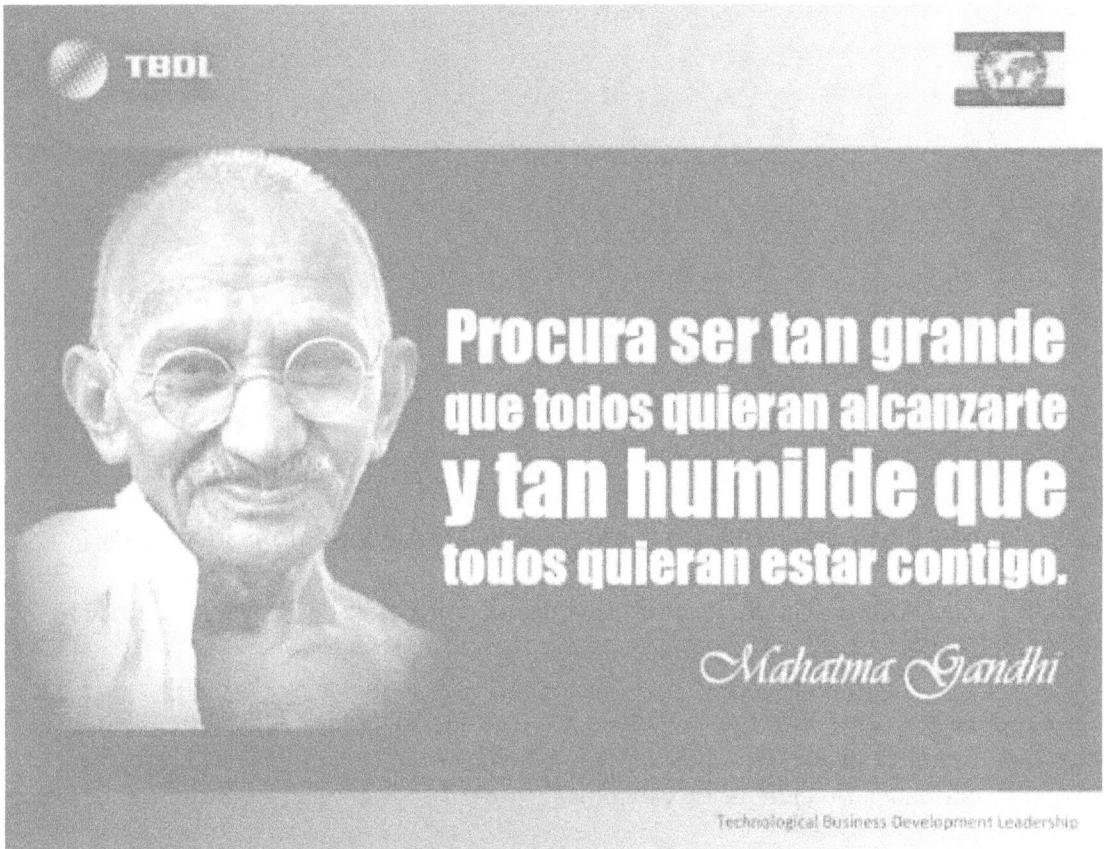

En la actualidad, las empresas a menudo vuelcan sus esfuerzos en intentar potenciar sus marcas en las redes sociales que la mayoría de la gente considera las más populares: Facebook y Twitter. Aunque cada una de estas redes, sin duda puede cubrir los objetivos de marketing y de creación de marca si se ejecutan correctamente, a menudo, LinkedIn sólo se ve como una red personal que beneficia al individuo en su búsqueda de un nuevo empleo, es decir un CV on-line.

Ese fue mi caso, entre en LinkedIn en 2009 y no fue hasta que recibí el training de Spanish Leadership, cuando realmente comprendí el verdadero potencial de esta red de negocios.

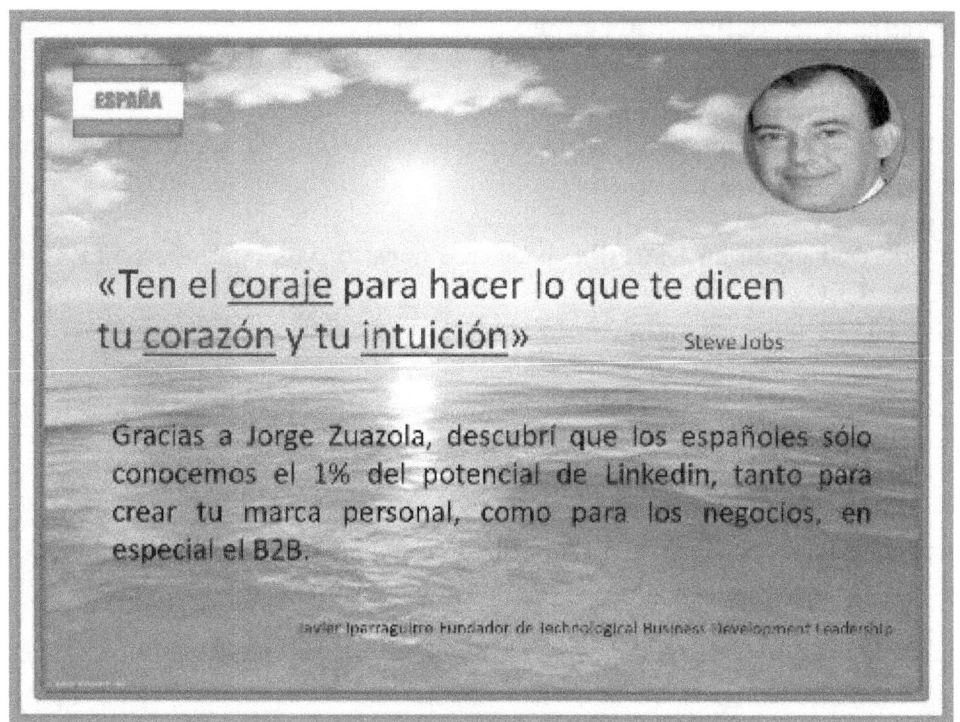

«Ten el coraje para hacer lo que te dicen tu corazón y tu intuición»
Steve Jobs

Gracias a Jorge Zuazola, descubrí que los españoles sólo conocemos el 1% del potencial de Linkedin, tanto para crear tu marca personal, como para los negocios, en especial el B2B.

Javier Iparraguirre Fundador de Technological Business Development Leadership

Nada más lejos de la realidad y del verdadero potencial que ofrece LinkedIn como red de inteligencia de negocios, es por ello que se ha de tener la suficiente humildad para reconocer que vivimos en una nueva era, el mundo 3.0, donde todo es digital y se apoya en las relaciones, y LinkedIn es el mayor exponente, como bien dice el gran Carlos Puig Sagi-Vela.

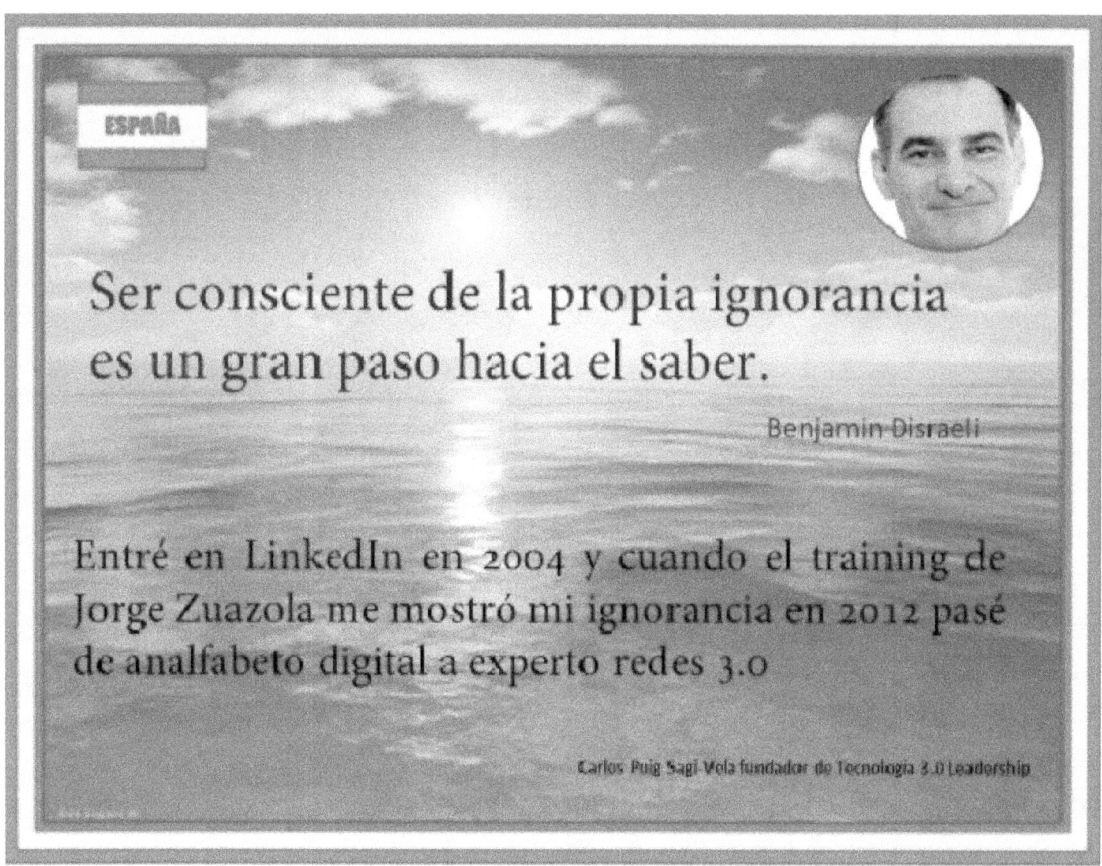

Ser consciente de la propia ignorancia es un gran paso hacia el saber.
Benjamin Disraeli

Entré en LinkedIn en 2004 y cuando el training de Jorge Zuazola me mostró mi ignorancia en 2012 pasé de analfabeto digital a experto redes 3.0

Carlos Puig Sagi-Vela fundador de Tecnología 3.0 Leadership

7.1 El CEO hoy en día debe adaptarse al cambio

La mayor parte de los CEOs y sus compañías en España, salvo excepciones, tienen una presencia testimonial en LinkedIn, y lo que es peor, no interactúan en la red, ya que no disponen de una estrategia definida.

Esta falta de estrategia e inacción en LinkedIn, hace que nuestro país continúe en el Mundo 1.0. Según un estudio de CEO.com, indica que de los 900 líderes de Merco 2013 (España e Iberoamérica) sólo el 25% tiene perfil en LinkedIn.

Así mismo, un estudio elaborado por Online Business School (OBS) desvela que los CEO argentinos son los que más presencia tienen en redes sociales (45%), seguidos por los líderes ecuatorianos (32%), brasileños (29%) y **españoles (28%).**

Todos estos datos revelan, la necesidad de alfabetizar digitalmente a los CEO's, más teniendo en cuenta que se prevé que LinkedIn alcance los 400 millones de usuarios a lo largo de este año 2015.

Según palabras de Sarah Harmon, Presidenta de LinkedIn España y Portugal, "*A través de esta plataforma, los profesionales pueden llegar a ser más productivos y exitosos en sus trabajos actuales, ya que les ayuda a estar en contacto con personas influyentes en sus sectores de actividad y, además, proporciona información sobre las últimas tendencias en el sector profesional en el que operen*".

"*LinkedIn facilita que se hagan negocios a través facilitar el networking. Es decir, permite conocer a otros profesionales para intercambiar ideas y conocimiento. Los profesionales utilizan LinkedIn para contratar al mejor talento, o en el caso de los freelances, por ejemplo, el networking les ayuda a conectar con las personas adecuadas. Sin embargo, LinkedIn sirve también para crearse una sólida marca personal o de empresa en internet.*"

Atendiendo a estas palabras y observando el gráfico anterior, el CEO que no tenga una estrategia digital en LinkedIn, está regalando mercado a su competencia, aún más teniendo en cuenta, que nuestras empresas o ya son internacionales o están en procesos de internacionalización.

ESPAÑA

El CEO que no tiene estrategia en LinkedIn deja un nicho de mercado abierto a competidores existentes y nuevos.

Jorge Zuazola Fundador de Spanish Leadership

En este proceso, desde Spanish Leadership, estamos ayudando a las empresas a dar este paso hacia el mundo 3.0, no sin encontrarnos con esa incomprensión por parte de las PYMES y las grandes empresas, que no comprenden el potencial de LinkedIn, esa gran arma secreta para los negocios.

7.2 El CEO y los nuevos retos de internet

Muchas compañías en expansión, no consideran aún la opción del impacto digital como paso previo al presencial. En este sentido, la identificación, segmentación y persuasión de los tomadores de decisión, así como la posibilidad multilingüe que te da LinkedIn, es algo desconocido para muchos CEOs y sus equipos en España.

Es por ello, que los CEO's deben liderar con ejemplo esta evolución hacia el mundo 3.0, aprovechando al máximo las posibilidades que nos da internet, y en concreto LinkedIn, y ha de motivar a sus equipos para que le acompañen en esta estrategia.

Un CEO es el primero que tiene que liderar con ejemplo en Linkedin, utilizándolo como radar de mercado diario. Las personas ven lo que tú haces, no lo que tú dices. Tus equipos te imitarán.

Technological Business Development Leadership

El gran problema que existe en nuestro país es que el 99% de los usuarios y empresarios, no utiliza LinkedIn correctamente y desconocen las herramientas de inteligencia de negocios que nos ofrece. Sirva de ejemplo la pantalla de avanzado, esa gran desconocida, que te permite segmentar el mercado por geografía y sector de actividad.

En realidad, una buena estrategia integral en LinkedIn puede ayudar a las empresas a analizar la actividad de sus competidores, aumentar las posibilidades de ventas, captar a los mejores talentos e influenciar en la industria y en su sector de actividad.

7.3 Globalización e innovación

En el mundo globalizado en el que nos encontramos, aumentar la presencia digital de las empresas es un aspecto crítico y vital, dado el cambio que se está produciendo en los nuevos modelos de ventas.

LinkedIn lleva innovando desde su misma creación, tanto orgánicamente como inorgánicamente. En este último caso, mediante la compra de empresas que aumenta su potencial como red para hacer negocios y destacar en el entorno empresarial en el que cada CEO se desenvuelve, tal y como se puede leer en el siguiente artículo.

https://growthhackers.com/companies/LinkedIn/

En este artículo se muestra la estrategia de innovación planificada por LinkedIn al objeto de ayudar al resto de profesionales y empresas en su expansión digital.

Cada año LinkedIn compra empresas para facilitar a sus usuarios el aumento de sus relaciones, y por ende al aumento de las posibilidades de expandir sus negocios, aspecto los cuales son desconocidos por la gran mayoría de sus usuarios, que podrían utilizar dichas herramientas para aumentar su capilaridad de red y así identificar tanto a si clientes actuales como a los potenciales, evitando regalar la correspondiente cuota de mercado.

Otro aspecto importante a tener en cuenta, es la relación que mantienen LinkedIn y Google. Cualquier CEO que disponga de un perfil optimizado y permanentemente actualizado, disponga de un grupo de interés como activo monetizador y de una página de empresa, convenientemente actualizada y apoyada en las showcase pages o páginas de producto o servicio, se posicionará en las primeras posiciones del buscador de Google, ya que LinkedIn te da una SEO Advantage que es desconocida y que no se puede desaprovechar.

Por ello, los CEO han de ser los primeros en innovar en las estrategias de marketing de sus empresas, por que como dice Harvard Business Review: El 73% de los CEOs internacionales dicen que se acabó el Marketing tradicional.

Muchas organizaciones, nos transmiten su deseo de posicionarse y, crear y potenciar su marca en LinkedIn, ya que asumen que es vital para ellas estar presentes en la mayor red de negocios del mundo, pero siempre surge la duda de, ¿será mejor tener a un/a nuevo/a comercial que apostar por la potenciación de nuestra marca?

Ante esta pregunta, la respuesta es otra pregunta, ¿Quieres que tu empresa sea un referente en el mundo 3.0 o prefieres permanecer estático en el statu-quo del mundo 1.0?

Javier Iparraguirre, Fundador de Technological Business Development Leadership
https://es.LinkedIn.com/in/jiparraguirredirectorcomercial/es
https://www.LinkedIn.com/company/technological-business-development-leadership

Javier Iparraguirre, Madrid (España), 30 de Julio de 2015.

CAPÍTULO 8

Por Miguel Ángel Pérez-Laguna
https://es.LinkedIn.com/in/maperezlagunarecursoshumanos/en

BIOGRAFIA

Miguel Angel Pérez Laguna • PREMIUM

Head of HR Recruitment and Selection Action Against Hunger. Founder&CEO Human Resources Leadership Trainer 3.0

Spain | Human Resources

Current   Acción contra el Hambre, Human Resources Leadership - El Impulso a la Excelencia en Capital Humano

Previous   Eninter Ascensores, SAN ROMAN, Garben

Education   IMF Business School

Licenciado en Psicología. MBA. Master en RR.HH. Postgrado en Consultoría, E-learning, Planificación de plantillas y Selección 2.0. Entre otras posiciones ha sido Responsable de Formación en Garben y Director de Desarrollo de negocio en Grupo San Román, habiendo sido freelance internacional en EE.UU durante dos años y Responsable de RR.HH del grupo Eninter.

Especialista en dirección de equipos de alto rendimiento, reclutamiento 2.0, desarrollo Organizacional, Team building, Talent Management, es también el Fundador y CEO del Grupo de networking internacional Human Resources Leadership y Talent Management Leadership en LinkedIn con miles de miembros en todo el mundo y creador de la web www.liderandotalento.com.

Coautor del libro "Human Resources Leadership, el impulso a la excelencia" y autor del Podcast La vida de la empresa en Directo, su labor como comunicador y dinamizador en RR.HH ha sido reconocida desde España hasta EE.UU por sus numerosas referencias, con un estilo cercano y directo que lleva a la optimización del networking empresarial y el management de capital humano a un nuevo nivel de Leadership basado en entender qué nos convierte en referencia y cómo podemos hacer líderes a los que nos rodean.

8. LinkedIn es Leadership 3.0

8.1. ¿Es bueno LinkedIn?

Seguramente no lo creerás, pero todavía hay directivos en España que comentan alegremente que estar en LinkedIn no es bueno porque la competencia puede ver lo que estás haciendo, e incluso robarte talento.

Es evidente que dentro del inmenso crisol de LinkedIn hay y habrá numerosos ejemplos que corroboran lo que sin duda es uno de los grandes obstáculos para que nuestros líderes comiencen siquiera a asemejarse a los grandes emprendedores al otro lado del océano, o nuestros convecinos europeos más prósperos (seguirán siendo vecinos mientras no nos vean como socios digitales).

132

LinkedIn ya ha superado muchas barreras. Algunos aprendimos hace años (y nos costó, como todo lo que significa un cambio de paradigma), y repetimos casi todos los días que LinkedIn no es Facebook, ni twitter, y que NO es una red más donde pulular, comentar y curiosear. De nuevo el time management del directivo medio sigue llenando su tiempo de opiniones que ha leído alguna vez, pero sin hechos que corroboren su sapiencia, más bien evidencia de una ignorancia en muchos casos altanera y orgullosa.

He visto (autodenominados) líderes que dicen que "LinkedIn no es para su sector" (esto desde Cornellá hasta Málaga) o que "no necesito eso para crecer". Y es que el liderazgo 3.0, lo vamos a decir ya, no es para todos. Al igual que el éxito. Es duro pero así es.

Hay tan poco espacio para la humildad que menos queda aún para que nuestro particular cluster de managers hijos de o herederos de una cultura analógica comprenda de una vez por todas que LinkedIn no es sólo una plataforma de networking. **Ni siquiera es eso, es el mismo mercado ante ti, con nombres propios, historia, actitudes y protagonistas**

Pero ese liderazgo se queda en agua de borrajas ante la vieja concepción de que "lo de internet es para community managers o gente IT que entiende".

No han entendido que ser líder comienza primero por reconocer que en el mundo 3.0 (que es en el que estamos, aunque las orillas del 1.0 estén aún repletas de posteadores que gritan en formato comic sans todo lo que saben de haberlo leído en msn news)

LinkedIn ha transformado la concepción del liderazgo.

El 1.0 mostraba cual tablón de anuncios, el 2.0 te llevaba a interactuar con un contenido prefijado. El 3.0 es la pura creación. Es la respuesta a todo aquel que lleva en su espíritu el germen del éxito. Y no es inventar la rueda. Es reinventar lo que podemos hacer con ella, y de qué manera un servicio se convierte en una mejora para nuestros clientes. Por tanto:

3.0 en LinkedIn ya no significa despachar sino servir

8.2. 3.0 en LinkedIn ya no significa despachar sino servir

Si pudieras coger todo el conocimiento disperso que has ido viendo de LinkedIn a través de los retazos que vas recogiendo en flashes. ¿De verdad pensarías que eres un líder digital porque tienes un montón de retales en formato screener acompañados de un montón de likes en tu historial como líder de LinkedIn?

Pues alguna vez lo has pensado. Yo también lo hice. Un poco de esto, otro poco de aquello y claro, en el país de los ciegos... ya tengo suficiente autoridad como para decir que mi horizonte de conocimiento me hace líder respecto a los demás

Si es así, poco se puede hacer porque ya estás convencido de tu propia opinión. Puede que hasta aquí hayas tenido éxito, que digo, ¡a lo mejor has liderado tu área, tu mercado, tu sector en los últimos 30, 40 años¡

Si es así, me quedo corto con felicitarte. Eres el 1º y por tanto, quiero aprender de ese liderazgo, me vas a encontrar como socio y padawan si no lo somos ya.

Pero estoy convencido de que casi con seguridad ocupas otro puesto en esta singular carrera, puede que te haya dado réditos pero ignorando lo que ignoras vas a ver pasar mucho talento delante de tus ojos que no se quedará porque LinkedIn va por delante de ti, se lleva promesas, candidatos y clientes.

Ese mismo directivo que decía que una alta rotación es buena porque así "se limpia la casa, ya lo decía Jack Welch". Pobre hombre, ¡creía que él era Jack Welch y su empresa General Electrics¡. No entendía nada pero lógico, sólo "él tenía la visión". (psd: es el mismo que cree que LinkedIn es una pérdida de tiempo).

Lo comentaría aún con más sorna sino fuera porque en el fondo, hay una buena persona y profesional competente por salir de ese marasmo de orgullo construido a base de broncas y desdén. Y te lo digo porque tienes la inmensa suerte de tener este libro entre manos hecho por auténticos líderes (y un conjunto de aprendices elegidos entre los que me cuento) que te dice que lo del liderazgo 3.0 está en tus manos

Efectivamente. No va de realizar una inversión enorme en infraestructura, ni de gastarte un pastón aberrante sino **de tu habilidad para salir de esa jaula mental que a lo mejor crees que está hecha de oro.** Porque el liderazgo en LinkedIn va de entender, por tanto.

El líder 3.0 primero entiende para después innovar y cuestionar su propio status quo

8.3. El líder 3.0 primero entiende para después innovar y cuestionar su propio status quo

Y para ello el líder se pone a comprender como LinkedIn te proporciona lo que ni twitter ni Facebook te da. Los conocimientos se pueden comprar (Ronald Stern Dixit) pero tu aprendizaje, tu comprensión pasa por ti. De los números y de lo que haces después.

+ 185 followers (mayo) – principal group

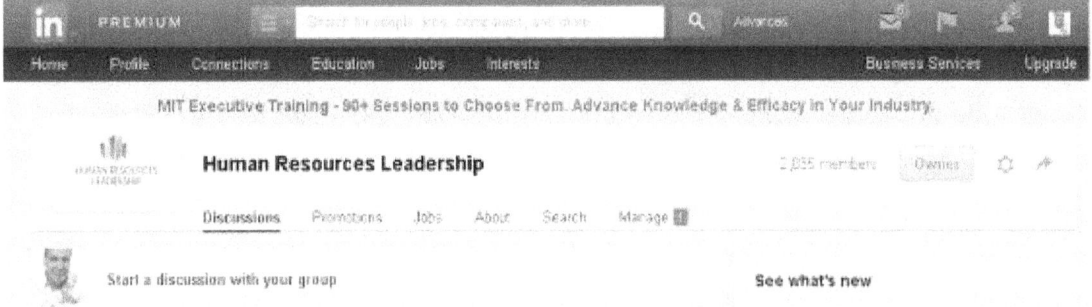

Aquí tienes un ejemplo, para que no digas que el papel lo aguanta todo. Como puedes ver en la imagen, el grupo Human Resources Leadership es sólo una muestra, y siempre en proceso de transformación, pero que ha conseguido en el último semestre 100 seguidores mensuales porque tiene no sólo un target dirigido sino una serie de influencers que generan de por sí el éxito que les hace crecer en su visibilidad

No es el más grande, pero tiene todas las trazas de llegar a serlo. Porque si te quedas con la sonrisa satisfecha del que va buscando followers como cacahuetes, te pierdes que todas esas personas te han dado una razón de peso para convertirte en tu socio de best practices, te han puesto un puente de planta para que inicies una sinergia donde los límites los ponen ambas partes. Por eso

Un líder 3.0 tiene un pensamiento ganador. Y si sales del slogan comprenderás que va más allá y hace que los followers sean líderes también

Esto no lo comprendería nuestro director en su inmenso despacho acristalado repleto de inquina, temor y desdén por lo desconocido. El que está esperando que le aporten cosas para pasar su ojo examinador. Lo malo es que **LinkedIn te va a examinar a ti. Cómo es eso posible**

LinkedIn te coteja como líder, y no mezcla peras con manzanas, porque dentro de tu perfil tienes tres puntales de tu Leadership 3.0

WHO´S VIEWED YOUR PROFILE
WHO´S VIEWED YOUR POST
HOW YOU RANK FOR PROFILE VIEWS

  You rank in the top 7% for profile views among professionals like you.

Esto es, LinkedIn me dice que entre miles de contactos de mi sector estoy dentro del Top Ten, y eso significa que mi red dirigida a un área de la empresa y un perfil profesional determinado está creando liderazgo por mí. Porque recuerda que son los demás los que te hacen líder. Y hemos quedado que aún estoy aprendiendo

La clave no está, otra vez, en luces de neón sino en que seas lo suficientemente avispado para leer que eso significa que hay una comunicación bidireccional que genera energía y la crea. El 3.0 va por ahí. No de que sueltes una parrafada de tus males y temores sino de que abras las manos para que tu éxito sea parte de los pequeños éxitos que vas a proporcionar a los demás

Para generar energía, **el líder 3.0 no se limita a postear sino que usa las herramientas, en LinkedIn las pantallas de inteligencia de negocios, la búsqueda estratificada, se pone en contacto directo. Y esto no lo puedes delegar.**

Si no haces eso, de nuevo el 1.0 te atrapa para que cuentes tu último fin de semana o el cumpleaños de tu hijo en LinkedIn.

Pero si la función del liderazgo, de la que se hablan miles de banalidades todos los días, es generar más liderazgo porque te empeñas en mostrar lo que sabes cuando la cuestión **es que seas un facilitador.**

Que me des alas para que LinkedIn sea también una puerta abierta al éxito para tus contactos.

Ya no hablarás de clientes sino de socios. No hablarás de competencia sino de compañeros de mercado.

8.4. El líder 3.0 no hace sinergia para sumar sino para multiplicar

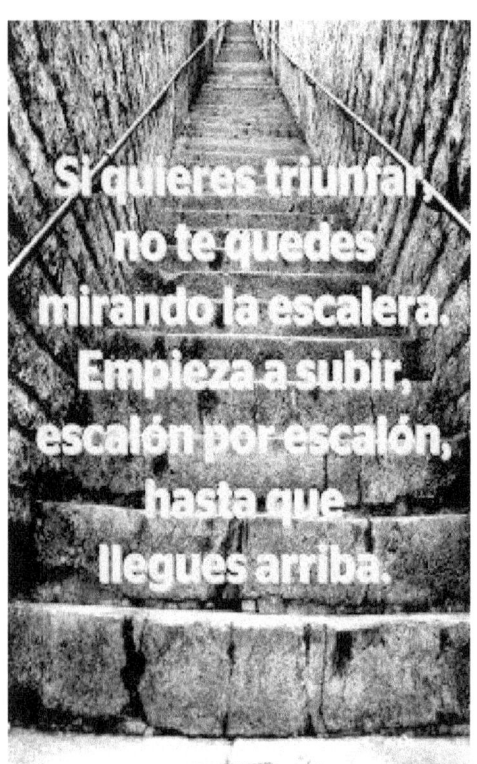

De nuevo puedes seguir contemplando LinkedIn como algo complicado que tiene menos gracia que Facebook y mucho más trabajo que twitter.

Y posiblemente sea verdad, pero es como decir que la vida es algo así como una mala noche en una mala posada.

Por eso tu liderazgo en LinkedIn va de abrir los ojos para que los demás también lo hagan.

El primer escalón pueden ser estas palabras o la ilustración que tienes en este párrafo. Lo sencillo es lo que llega antes. **Quizás por ello este sencillo JPG tuvo más de 2.000 impresiones en 24 horas. Y no se trata de decir lo bueno que eres. Sino lo buenos que pueden ser los demás contigo (no gracias a ti).**

El liderazgo 3.0, como al analógico, no es una ciencia sino una práctica que se consolida con disciplina. Por eso los puntales de tu éxito en LinkedIn tienen que venir de la mano de un **trabajo sistemático.**

Tu perfil – Ya no es tu tarjeta de visita (1.0). Es el lugar donde los demás te van a consolidar como referencia. Porque tú has caminado por su liderazgo con resultados.

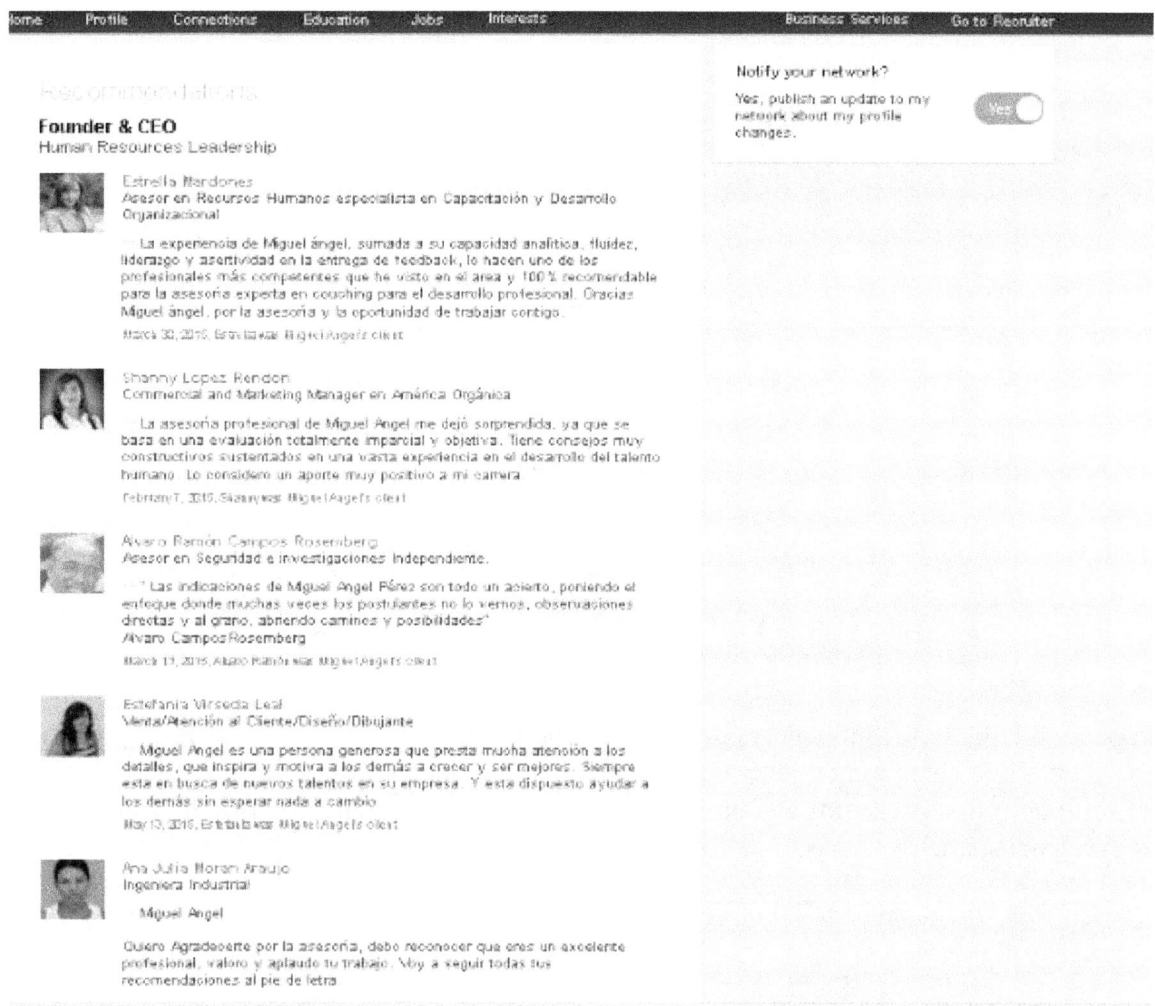

Tu Company page – No es tu presentación de servicios, es la constatación de tu actividad como referencia, donde entras directamente en las actualizaciones del menú de empresa, donde puedes ir por delante de Microsoft o por detrás de Google cuando tus contactos te siguen a ti también.

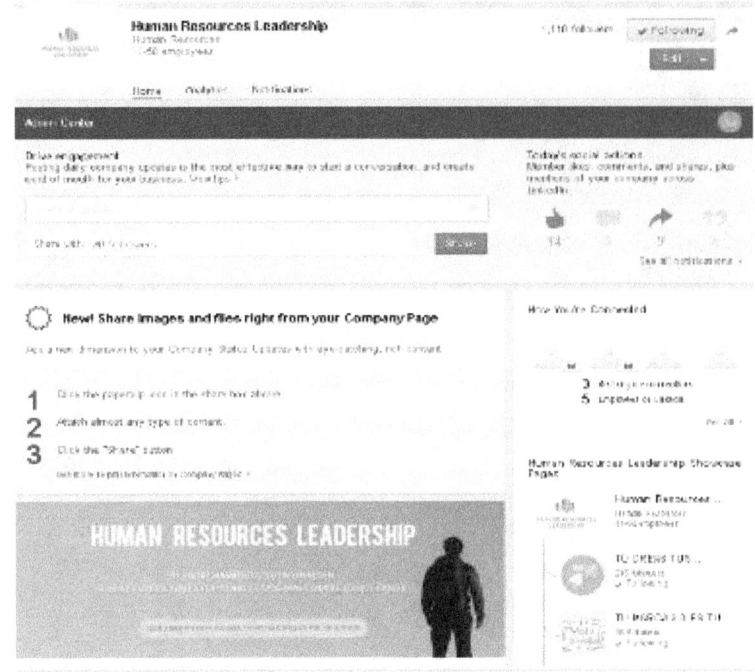

Pulse te pone al lado de los influencers desde que LinkedIn nos dio la oportunidad de llevar esta herramienta a la categoría de auténtico aspirador del mercado, de nuevo el líder 3.0 se aleja del soliloquio (todos caemos alguna vez, o varias) para abrir de nuevo las manos al reto de crear excelencia para los demás.

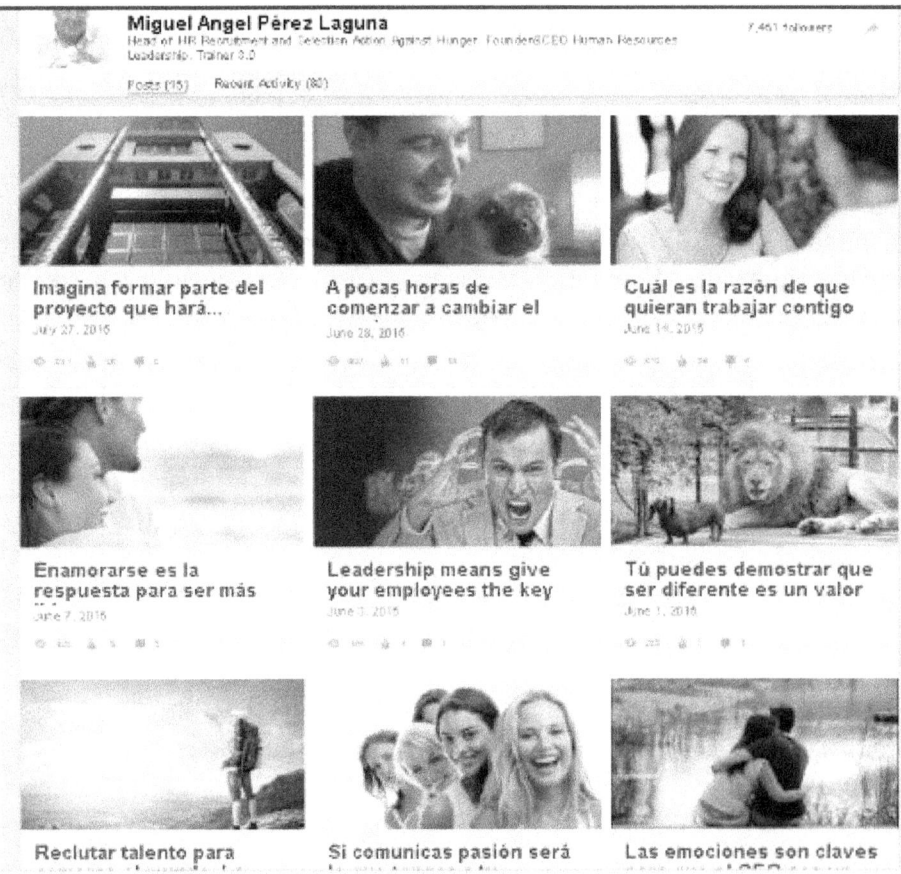

Por tanto, que lejos se queda ese líder anquilosado y orgulloso, cuando cualquiera con un poco de astucia, humildad y energía puede superarle con creces haciendo de LinkedIn su arma masiva de éxito

LinkedIn ya no es ese puntal de ventas. Ha pasado al 3.0, son las propias ventas, donde cada decisión se coteja con tu audiencia y te pone a prueba corrigiendo, exigiendo y pidiéndote más.

Puedes seguir diciendo que vender palomitas sólo se puede hacer en los quioscos o en los bares, pero hay alguien que se está aprovechando de tu ignorancia en LinkedIn para difundir un nuevo sabor, o el mismo, a través de convencer con Leadership steps que la experiencia va a ser muy diferente porque hay miles de personas que le convierten en referencia 3.0

Miguel Ángel Pérez Laguna, Madrid, 31 Julio 2015.

CAPÍTULO 9

Por José María Vich
https://co.LinkedIn.com/in/jmvichbogotabusiness

BIOGRAFIA

Ejecutivo global, MBA por Boston Business School. Trilingüe, ha trabajado en 10 países y 3 continentes. Coach corporativo y consultor en ventas y mercadeo.

Ha trabajado en 4 compañías multinacionales, 3 de ellas Fortune 500 y una listada en Euronext Paris, siempre en puestos directivos.

Entre sus logros más importantes:

- DHL. Lanzamiento de la 1ª plataforma logística con almacén de depósito aduanero en España.
- American Express Europa. Desarrollo y lanzamiento del 1er CRM para Pymes B2B en Europa, 7 países con un volumen de negocio de 1,3 Billones USD.
- American Express Américas. Se transformó un negocio de 300 MM de USD, en 1,2 Billones USD en solo 4 años, consolidando la posición en el mercado como número 1 a nivel corporativo.
- Western Union. Se multiplicó por dos la red de puntos de venta en 2 años alcanzando 12.000 puntos en España y 5.000 en Portugal, lanzamiento de 0 de una nueva empresa de envío de dinero low cost, posicionándola en el top 10 en un solo año.
- Ingenico. Nuevo negocio generado por valor de 30 MM USD en contratos de servicio, en solo 8 meses.
- Dos veces ganador del President Club Award de American Express, 2003 y 2004.
- Una vez ganador del World Class Performance Award de Western Union en 2009.
- Sus equipos han ganado reconocidos premios de marketing a nivel internacional, entre otros: "Silver at Cannes Lyons", "Gold at Eurobest Awards", Gold at SMG Captivation Awards" entre 2006 y 2009.

Manejo de todos los canales de ventas, directos e indirectos, B2B, B2C, C2B y C2C.

Experto en marketing de consumo, generador de ideas y propulsor del cambio, en la actualidad desarrolla su trabajo en Colombia, como consultor de ventas, marketing e impulsor de "venta social" en compañías de las más importantes en el mercado.

Es, además, senior advisor para Latinoamerica en Earthport International.

"¡Se puede conseguir mucho más con mucho menos!"

9. Españoles triunfan en LinkedIn desde Al-Khobar hasta Bogotá

9.1. Humildad ante todo

Mi nombre es José María Vich, soy un empresario español afincado en Bogotá desde hace casi año y medio; he desarrollado mi carrera en varias compañías multinacionales, 3 de ellas Fortune 500, en puestos directivos, en varios países, continentes y varias industrias, con lo cual he tocado todos los palos.

¿Qué he aprendido de todo esto? Al final, te guste o no, eres un número en hoja de Excel en cualquier compañía para la que trabajes; ya puedes haber desarrollado un trabajo magnífico que, al cabo del tiempo, si la rueda viene hacia ti te arrolla sí o sí.

He tenido la suerte de trabajar para compañías maravillosas, todas me han enseñado algo, pero lo que sí estoy seguro haber aprendido es una cosa: ¡lo que no hay que hacer! Eso lo tengo bien claro.

Cuando nos decidimos mi mujer y yo a venir a Bogotá a establecernos (ella es colombiana), buscamos qué nos podíamos traer que no existiese en el mercado y pudiese hacer una diferencia, y lo encontramos. Encontramos un equipo industrial, una freidora que no produce ni humos ni olores de patente española.

Ahora viene la parte difícil, ok, ya tengo el producto y ahora como lo comercializo. Aquí es donde empezamos a darnos de narices con la mentalidad cerril del empresario español, hablamos con el fabricante, había una Feria muy importante del sector y si nos dábamos prisa podíamos estar y esa sería nuestra plataforma de lanzamiento en el mercado, suena bien ¿no?

La inversión no era muy grande, y si el fabricante ayudaba un poquito sería fantástico, pero ¡oh, sorpresa!

El fabricante no podía invertir como máximo dos o tres mil euros ("no es nuestra política nos dijeron); y si ha habido algo que he aprendido a lo largo de los años en las multinacionales es algo que no se debe hacer: cuando un mercado está mal, se está lanzando o tiene dificultades ¡ese es el momento correcto de invertir!

Pero no, la mayor parte de las compañías, dirigen la inversión a un mercado que va creciendo y a los que tienen problemas los dejan morir (tengo un ejemplo muy claro que luego os contaré). Esto, bajo mi humilde punto de vista, es un craso error. Cuando quieres entrar en un mercado tienes que invertir, ¡ese es el momento! No cuando va creciendo y ya te conoce la gente.

En fin, voy a lo importante, ¿cómo mercadear un nuevo producto en un nuevo mercado, de un nuevo fabricante y en una nueva empresa? Todo un reto ¿no? Vamos al grano, en nuestro caso decidimos ir a la Feria con todo, y a la vez, contacté a través de Ronald Stern (el suizo afincado en España que me cambió mi visión del mundo de los negocios hace ya años, y que sigue evangelizando cada día sobre algo tan maravilloso como las ventas), con Jorge Zuazola, y a partir de ahí, cambié completamente el enfoque de mi estrategia para entrar en el mercado colombiano.

Uno tiene que ser humilde en todo lo que hace, yo lo he llevado quizás a extremos en algunos casos pero he de decir que siempre me ha funcionado el NOSOTROS en vez del YO, y la palabra fundamental: ¡EQUIPO!

Como decía, uno tiene que ser humilde y abrirse a los nuevos caminos, a las nuevas formas de hacer negocios, y buscar aquello que te aporte valor. He de decir que lo que os voy a contar, significó un cambio total en cómo me había acercado a mis clientes hace años, con unos resultados que considero buenos

9.2.   El poder de LinkedIn

Cuando me decidí a hacer el training con Jorge, no tenía unas expectativas muy altas pero dije, qué pierdo al final, si me gusta lo aplico y si no va a la papelera.

He de decir que ser capaz de aglutinar en un par de horas el training es todo un reto, ahí fue donde empecé a conocer a este aragonés afincado en Alemania y enamorado del futbol (una de mis pasiones). Entender todo lo que te cuenta Jorge toma un tiempo, es necesario usar la herramienta cada día y equivocarse, sí, ¡equivocarse!

Lo primero que tienes que entender, es que LinkedIn no es aquel sitio donde pones tu CV y ya está; no, es mucho más que eso; como bien dice Jorge es un Centro de Inteligencia de Negocios, un medio excepcional de hacer que tu marca brille y una potente plataforma de lanzamiento de nuevos productos y servicios.

Si lo miro desde el ángulo de ventas, es la herramienta más potente que conozco de prospección de nuevos clientes, me gusta decirles algo a mis clientes: ¿te gustaría convertir la puerta fría en templada?

Porque eso es lo que hace LinkedIn, si alguien te acepta una invitación a conectar, y le envías un mensaje y te contesta pregúntate cuantas barreras has saltado para llegar exactamente a quien tu querías llegar; porque eso es lo que hace LinkedIn, ¡te contacta exactamente con quien es! Como dirían en mi querido México, con el "mero mero" con el que quieres hablar y toma la decisión, a mí me pareció increíble, aunque luego volveré a este tema con algún número y alguna experiencia.

Bien, después del training con Jorge, ya estaba preparado para lanzarme al mundo de LinkedIn, red en la que por cierto llevaba casi 8 años……..y creía que sabía usarla.

Dejamos lanzado mi grupo (Bogotá Business Leadership), sé Jorge que te debo sub grupos pero debido a toda la actividad que se me echó encima es una tarea pendiente, pero estoy en ello…….., montamos nuestra página de compañía (Podemos ser Diferentes), y empecé a publicar con asiduidad.

Y ahora viene lo más importante, "sin estrategia olvídate de tener resultados", ¿a qué me refiero?, si lo que quieres es aumentar ventas, darte a conocer, y lanzar un nuevo producto y no tienes una estrategia olvídate de conseguir nada, la magia no existe, el trabajo duro con una dirección es el que te va a dar los verdaderos resultados.

9.3. Vamos al lío

Ok, esto ya está montado y ¿ahora qué?, ahora viene la parte interesante, te recomendaría hacerte una serie de preguntas:

- ¿Qué es lo que quiero? ¿Nuevos clientes? ¿Lanzar un producto?
- ¿En qué sectores e industrias?
- ¿En qué países y territorios?
- ¿Qué tipos de contacto quiero y a que niveles?

Una vez tengas claro lo de arriba, te cuento mi propia experiencia desde mi punto de partida:

- Yo tenía 1.300 contactos en LinkedIn, casi todos de personas que habían trabajado en las empresas en las que tuve la suerte de trabajar o sus conexiones.
- No tenía ninguna expectativa (¡Dios si hubiese hecho este training antes!) de contactar con nadie.
- Me daba igual el sector, solo quería hacer contactos.
- Mi red está expandida en varios países, he tenido la suerte de vivir en varios, pero no había ningún motivo detrás.
- El nivel de contactos era variado, pero no tenía ninguna lógica.

¡Bien! Ahora que estamos preparados, contestemos las preguntas de arriba:

- Quiero nuevos clientes, y además, estoy lanzando un producto.
- Sobre todo, me interesan el sector alimentación y bebidas; y ya que soy fuerte por mi background, el financiero.
- Sobre todo Colombia, y por extensión, Latinoamérica.
- Quiero contactos a nivel de Director de Hotel, director de alimentos y bebidas, chefs; esto en el sector alimentación; y CXO´s en el sector financiero.

Ok, los números que vais a ver a continuación son producto del trabajo y la constancia, sin esto, olvidaros de que LinkedIn trabaje para vosotros, es imposible, como dije antes no hay magia.

- Hoy en día tengo 5.800 contactos en mi red en primer nivel (como dice Jorge, esto no es lo importante!, la profundidad de red es lo realmente importante).
- O sea, añadí unos 4.500 nuevos contactos en 8 meses; pero esto no es lo importante. Lo importante es que de estos, el 60% son colombianos y trabajan en el sector alimentación y bebidas; el resto están expandidos por Latinoamérica y son, o bien del sector alimentación, o del financiero donde tengo toda una red de CEO´s VP´s, CFO´s, CCO´s, CMO´s etc. muy profunda.
- En mi grupo, Bogotá Business Leadership, tengo casi 1.000 personas.
- Me siguen, más de 5.400 personas en LinkedIn, gente que en su mayor parte, son desconocidos para mí.
- He publicado ya varios posts, y no bajo de 400 personas que los han visto, varios likes y muchos comentarios.

A pesar de todo ello, insisto, ¡no soy NADIE! No me conoce nadie, la verdadera oportunidad todavía está ahí.

Todo esto está muy bien, pero qué hacemos con ello.

Detrás de estos objetivos, hay que ponerle un poco de estrategia. No llegas a conectar con toda esta gente porque sí; la mayor parte de ellos no me conocían......Como bien me enseñó Jorge, lo importante es antes de mandar una invitación, conocer un poco a la persona, ver cómo estas conectado con ella y mandar un mensaje cercano y directo al punto.

Ya estás conectado con quien tú querías, exactamente con esa persona y no con otra. Eso es una mina de oro por explotar, y más vale que no te equivoques.

Ahora viene la parte difícil, hay que enganchar con el mensaje que envíes, hay que enamorar desde el título para que, si ven tu perfil, se decidan no solo a leer el mensaje sino a contestarte. Todo muy bonito José María, me diréis, pero..........los resultados ¿qué?

Ok, los números son la salsa de la vida, y aquí os paso algunos que creo os pueden interesar, pero antes dejadme que os haga las dos mismas preguntas que les hago a todos mis posibles clientes de consultoría:

- ¿Cuál es su inversión (inversión no coste) en marketing, y cuál es el retorno de esa inversión?
- ¿Cuál es su estrategia de venta nueva, cuántos recursos utilizas y cuáles son los ratios de esa estrategia?

Las respuesta son de lo más variado, pero si hago estadísticas casi el 90% te cuentan que no pueden medir el ROI de la inversión de marketing, y que se gastan demasiado dinero (gastar no invertir).

Y en cuanto a la venta nueva, te dicen que invierten mucho tiempo y dinero y que sólo pueden medir si tienen suerte el maldito número de visitas realizadas que al final no vale para nada.

Bien, con este punto de partida, os cuento mi experiencia:

- Si envío 100 invitaciones a conectar, me aceptan el 95%.
- Les envío un mensaje a ese 95%, y el 29% me contestan.
- Finalmente me reúno con 20 de esos 100 y cierro negocios con el 40% de esos 20.

Por qué le llamo "puerta templada" y no puerta fría, cuando te reúnes con tu interlocutor ya ha habido interacción por escrito, ¡seguro y digo seguro! él ha visto tu perfil y tú el suyo antes de la reunión, con lo cual ya os conocéis (algunas veces incluso "bicheas" en Facebook!) ¿Qué ocurre? La reunión es más corta, y mucho más directa al punto en cuestión y además, y muy importante, imagínate la cantidad de barreras que has saltado con un click (recepcionistas, secretarias, directores.......) para reunirte exactamente con quien tu querías.

Gracias a esta estrategia me he reunido con Directores Generales de la cadena de supermercados más importante de Colombia, Vicepresidentes de una de las cadenas de Fast Food más importantes del país y de la región, Presidentes de uno de los centros de divertimento para niños más importantes de Latinoamérica, CEO´s de uno de los supermercados Low Cost más importante de las Américas, VP´s de atención al cliente de una de las líneas aéreas más importantes de la región y Directores de Mercadeo de una de las compañías de tecnologías de la información más importantes del mundo con presencia en Colombia entre otros. E insisto, ¡¡no soy nadie!! Nadie me conoce todavía.

Esto es solo un aperitivo, detrás de todo esto hay una serie de Directores, Chefs, VP´s y un gran número de personas que he conocido y con las que he podido hablar de negocios, gracias a LinkedIn.

Ahora vamos a la parte de marketing, publicar y publicar consistentemente hace que no sólo te conozcan, sino que te posiciones como un experto. Gracias a esto, hemos firmado acuerdos estratégicos con firmas como McCain, Zenu (una de las marcas del grupo Nutresa, muy importante en Latinoamérica), y Team (el distribuidor de aceite para alimentación más importante de Colombia)

No me olvido de la publicidad tampoco, La Barra, la revista de más tirada en el sector alimentación colombiano, también es un socio estratégico al que le hago consultoría de ventas y mercadeo, y estoy en la actualidad cerrando acuerdos con dos editoriales muy importantes en Colombia para dar conferencias sobre venta social.

Como he dicho a lo largo del capítulo; hay varias claves que hacen que todo esto se interconecte y funcione como es debido:

- Tener una estrategia clara y <u>medible.</u>
- Ser constante y no desfallecer en el intento.
- Conectar, interactuar. Como bien diría la gran Jill Rowley: "your network is your net worth".
- Ser creativo.
- Posicionarte cómo un expert.
- Leer, leer y leer.
- Ser positivo.
- Aprender de tus errores.
- Y sobre todo, ser humilde, y abrir una oportunidad para aprender cosas nuevas.

Las generaciones que van a mandar en el mundo en diez años, o sea mañana, (Y y Z) supondrán el 75% de la fuerza laboral en 2025; se comunican de una forma diferente y somos nosotros los que nos tenemos que amoldar no al revés. Estamos en el mundo del cliente, la mayor parte de los procesos de compra se inician en internet ("San Google"!), los vendedores entran cada vez más adelantado el proceso de venta sin casi ningún poder de influencia, te recomiendo que abraces el cambio, ¡te conectes y eches a andar lo antes posible! ¡Hoy ya es tarde!

José María Vich, Bogotá, 30 Julio 2015.

CAPÍTULO 10

Por José Sandino Egea
http://www.es.LinkedIn.com/in/jsandinomalagabusiness

José Manuel Romero Jara
https://es.LinkedIn.com/in/josemanuelromerojara

Pablo Linares
https://es.LinkedIn.com/in/pablolinaresleadership

BIOGRAFIA

José Sandino Egea

1er

Ingeniero de proyectos industriales 3.0. Especialista en cálculo de estructuras. Fundador de Málaga Business Leadership

Málaga y alrededores, España | Ingeniería industrial o mecánica

Actual	Malaga Business Leadership, José Sandino Ingenieros S.L. Cálculo de estructuras
Anterior	Spanish Leadership, José Sandino Ingenieros S.L. Cálculo de estructuras
Educación	Universidad de Málaga

Enviar un mensaje ▼

más de 500
contactos

in https://es.linkedin.com/in/jsandinomalagabusiness   Información de contacto

Misión de Carrera Profesional: Ofrecer mis servicios profesionales a un número cada vez mayor de clientes, tanto nacionales como internacionales, convirtiéndome en un referente en el campo de los negocios como fundador de Málaga Business Leadership.

José es un ingeniero que constantemente demuestra una alta capacidad de gestión en el diseño y cálculo de proyectos de construcción, habiendo realizado proyectos singulares en diversas ciudades españolas así como en el extranjero.

Progresando constantemente desde que inició su etapa laboral mientras la compaginaba con los estudios universitarios, asumiendo cada vez más responsabilidades como ingeniero.

Junto con su empresa, ha logrado cada vez desarrollar proyectos más complejos, tanto locales, nacionales e internacionales, superando ampliamente los 100.000 m2 de estructura anuales.

Especialista en el cálculo de estructuras de proyectos industriales y residenciales singulares, así como en cimentaciones especiales y patologías estructurales, cumpliendo siempre los costes y plazos de entrega establecidos.

Es una persona con una gran capacidad de adaptación a situaciones singulares de difícil solución, actuando como consultor para diversos estudios de arquitectura y constructores.

Con una amplia experiencia en todas las fases del proyecto, desde su concepción y diseño, hasta el cálculo y ejecución.

Demuestra siempre un gran interés en aprender materias nuevas y formarse constantemente, redactando actualmente una tesis doctoral y habiendo estudiado en universidades de Madrid, Málaga y Sevilla.

Debido a la trayectoria dilatada en la gestión de proyectos posee dotes de comunicación y liderazgo necesarias para puestos tan demandados actualmente como los Project Manager.

10. Andalucía Digital 3.0: Un presente de éxito y un futuro prometedor

10.1. ¿Dónde estamos digitalmente en Andalucía?

10.1.1. Introducción

El presente capítulo se va a exponer la situación actual en LinkedIn de un grupo de empresas andaluzas o bien con sede en Andalucía, tanto del sector público como del privado. Se han elegido teniendo en cuenta el volumen de facturación y se han representado todas las provincias de Andalucía. Hay que tener en cuenta que la mayoría de las empresas del ranking se concentran en Sevilla, de hecho, de las primeras 20 empresas de la lista, 14 están establecidas en Sevilla.

Las empresas elegidas son:
- Endesa Generación SA. Sevilla
- Atlantic Copper, S.L.U. Huelva
- Cunext Copper Industries S.L. Córdoba
- Puleva Food S.L. Granada
- Hojiblanca. Málaga
- Aceites del Sur – Coosur Sociedad Anónima. Jaén
- Cosentino S.A. Almería
- Abengoa Bioenergía San Roque S.A. Cádiz

Dentro del sector público se hará mención a la Junta de Andalucía, institución en la que se organiza políticamente el autogobierno de la Comunidad Autónoma, por ser la empresa pública más importante de Andalucía.

10.1.2. ¿Por qué la importancia de LinkedIn?

Vivimos en una era digital, lejos han quedado los tiempos en los que hacer gestiones a través de internet era algo puntual. Hoy en día nuestra vida digital, tanto personal como profesional, va ganando cada vez más y más terreno.

Centrándonos exclusivamente en el ámbito laboral, es fundamental crear una buena imagen de marca y darla a conocer, para ello se deben utilizar las mejores herramientas disponibles, y a día de hoy LinkedIn destaca sobre todas las demás por los siguientes motivos:

- **Medios de comunicación**. Cualquier experto en marketing estará de acuerdo en que la exposición de una marca en los medios de comunicación es fundamental para su posicionamiento. Se puede tener el mejor producto del mundo pero si no se da a conocer es totalmente inútil.

  Según un estudio reciente, el 94,2% de los periodistas y editores están en LinkedIn y el 62% lo califican como su red profesional preferida, lo que garantiza una difusión máxima si la red de contactos es la adecuada.

- **Asociaciones**. Fomentar alianzas estratégicas es una forma muy importante de hacer crecer un negocio. Si encontramos el socio adecuado se pueden remitir los clientes entre si y ayudar al crecimiento de ambas empresas.

Ahora bien, encontrar la empresa óptima puede ser una labor muy compleja en un entorno "offline" pero en LinkedIn todo es mucho más fácil, la búsqueda avanzada te permite segmentar el mercado para buscar empresas en base a los criterios que interesen en cada momento.

- **Clientes.** LinkedIn es un recurso muy poderoso para encontrar clientes. Independientemente de la industria, tamaño o localización, todos estamos en el negocio del marketing y para tener éxito siempre se recuerda la regla del 90/10, el 10% del éxito es lo que dices y el 90% cómo lo dices, por eso LinkedIn tiene tanto sentido.

Lo anterior me recuerda una frase que dijo Abraham Lincoln: *"Si tuviera que pasar nueve horas talando un árbol, las seis primeras las pasaría afilando el hacha"*. Es decir, antes de actuar invierte tiempo en elaborar una buena estrategia para que tu plan funcione.

10.1.3. Posicionamiento actual de las empresas más importantes de Andalucía en LinkedIn

Tras realizar una búsqueda de las nueve empresas citadas en el punto anterior, los resultados son los siguientes.

La única compañía que tiene una página web de empresa con showcase pages es Endesa, pero no la que tiene sede en Sevilla, sino la compañía matriz. Cuenta con 40.500 seguidores y actualizaciones bastante constantes. Su página de productos se llama twenergy, siendo una comunidad de expertos en eficiencia energética, aunque sólo cuenta con 245 seguidores.

En el siguiente grupo podríamos incluir a **Cosentino** y a **Hojiblanca**, ambas empresas con páginas de empresa pero sin páginas de productos. Hojiblanca tiene 1860 seguidores y Cosentino 10.500. La página de Hojiblanca es meramente testimonial, no tiene actualizaciones y se limita a describir brevemente la actividad profesional de la empresa, mientras que la de Cosentino se puede apreciar mucho más elaborada, con bastantes vídeos de productos.

El resto de empresas privadas del listado, a saber, Atlantic Copper, Cunext Copper, Puleva, Aceites Coosur y Abengoa Bioenergía sólo cuentan con una página de empresa vacía donde aparece la dirección fiscal de cada una.

La Junta de Andalucía tiene página de empresa sin actividad, con una breve de la misma, del mismo modo cuenta con numerosas páginas de empresa dedicadas a diversas de sus competencias, como puedan ser Andalucía Emprende, la Agencia de Obra Pública, etc. Cuenta con 22,700 seguidores y actividad nula.

10.1.4. Conclusiones

Las empresas elegidas cuentan con un volumen de facturación muy elevado, que va desde los 172 millones de euros de Abengoa Bioenergía, hasta los 4.500 millones de Endesa Generación, es decir cuentan con los recursos y el capital para estar en la vanguardia digital, podrían dedicar un departamento exclusivamente a ello y los beneficios obtenidos serían enormes a cambio de una inversión muy pequeña pero sin embargo siguen anclados en las web 1.0.

La empresa con más proyección internacional de todas, **Cosentino**, https://www.LinkedIn.com/company/816593?trk=vsrp_companies_res_name&trkInfo=VSRP searchId%3A8990769414382525515288%2CVSRPtargetId%3A816593%2CVSRPcmpt%3Ap rimary , es la que tiene la página mejor diseñada y con más movimiento, probablemente debido a que conocen el impacto que un buen posicionamiento en LinkedIn tiene en el resto de países.

Otras empresas como la Junta de Andalucía tienen una presencia mínima y además mal gestionada, pudiendo agrupar todos sus servicios en diversas páginas de producto, o showcase pages, englobadas dentro de la página de la empresa matriz, quedando todo mucho mejor organizado.

Como conclusión al estudio, se puede afirmar que las empresas más importantes de Andalucía no tienen presencia digital 3.0. Aunque se realizan campañas en diversos medios sobre la Andalucía digital 3.0, lo cierto es que en LinkedIn no se evidencian datos de ello. La mayoría de las empresas siguen basando su estrategia digital en webs 1.0 y pocas están cambiando al 2.0.

José Sandino Egea, Málaga, 31 de Julio de 2015.

BIOGRAFIA

Ingeniero Técnico Industrial por la especialidad de Mecánica, José Manuel se define como un ingeniero adaptable, por su gran capacidad para lograr adaptarse a las circunstancias que la vida le va proponiendo en el camino. Considera, además, que la adaptación es la herramienta necesaria para evolucionar.

Aprendiz incansable, José Manuel es también Piloto Profesional de Drones y Técnico Superior en Prevención de Riesgos Laborales, con formación en Certificación energética de edificios nuevos y existentes, Coaching de equipos, Calidad y Medioambiente y Sistemas CAD, así como en Energía Solar. Su objetivo es optimizar aquel Departamento donde se establece.

Apasionado del área de Diseño e Innovación (ha sido número 1 de su promoción en Ingeniería), aprovecha sus conocimientos técnicos y su experiencia, para integrarse en proyectos orientados a causas de voluntariado, desarrollando proyectos de ayuda en la comunidad educativa escolar; así como diseñando y ejecutando proyectos anuales para la comunidad ciudadana.

Aporta más de 16 años de experiencia en sectores tan diversos como Química, Ingeniería, Industria, Obra Civil, Arquitectura y Metalurgia; condición que le capacita para desarrollar puestos relacionados con cualquiera de dichos campos.

A través de su positiva visión entusiasta y creativa, en 2014 descubre LinkedIn; pero es con la ayuda de Jorge Zuazola, cuando aprende y experimenta su verdadero potencial. Como CEO y Fundador de **Huelva Industry Leadership 3.0**, José Manuel desarrolla nuevos modelos de negocio que prometen ser un referente para el modelo de negocio actual, pasando del 1.0 obsoleto al 3.0 vanguardista y efectivo.

10.2. Andaluces con éxito.

10.2.1. El cambio de era.

El modelo de negocio actual ha cambiado considerablemente. Hemos pasado de la era industrial y tecnológica a la era digital. Pero no sólo eso sino que, además, Internet ha variado el ciclo normal de los cambios producidos a lo largo de la historia, en cuanto a la velocidad de transformación se refiere.

Antes, para que un cambio se produjese, debían pasar, al menos, varios años. Ahora, un cambio puede llegar a producirse en cuestión de horas. La inmediatez es la imperante de ello, y la creación de las redes sociales tiene gran parte de 'culpa' en esto.

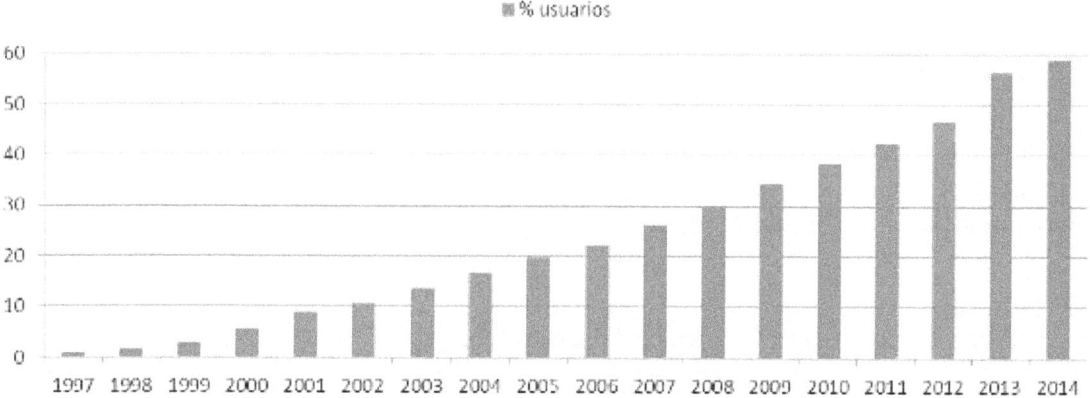

10.2.2. El gran salto del 1.0 obsoleto al 3.0 vanguardista y eficiente.

La versión digital 1.0 se ha quedado obsoleta. Ya no basta con anunciar; además, hay que comunicar, hay que interaccionar, hay que conexionar.

Como dice Reid Hoffman, fundador de LinkedIn, hay que estar en 'Beta permanente' con una planificación estratificada. Al igual que ocurre con un producto tecnológico cuando se introduce en el mercado, se lanza con una primera versión beta de software, indicando así que no está acabado y que está listo para toda una serie de mejoras.

En definitiva, las empresas que se limitan a anunciar su producto a través de Internet, deben cambiar su estrategia 1.0 por la versión 2.0, basada en la comunicación e interacción o, todavía mejor, por la versión 3.0 que incluye, además, publicación de interés en su sector ('Pulse' en LinkedIn es una de ellas).

10.2.3. Andaluces con éxito 3.0.

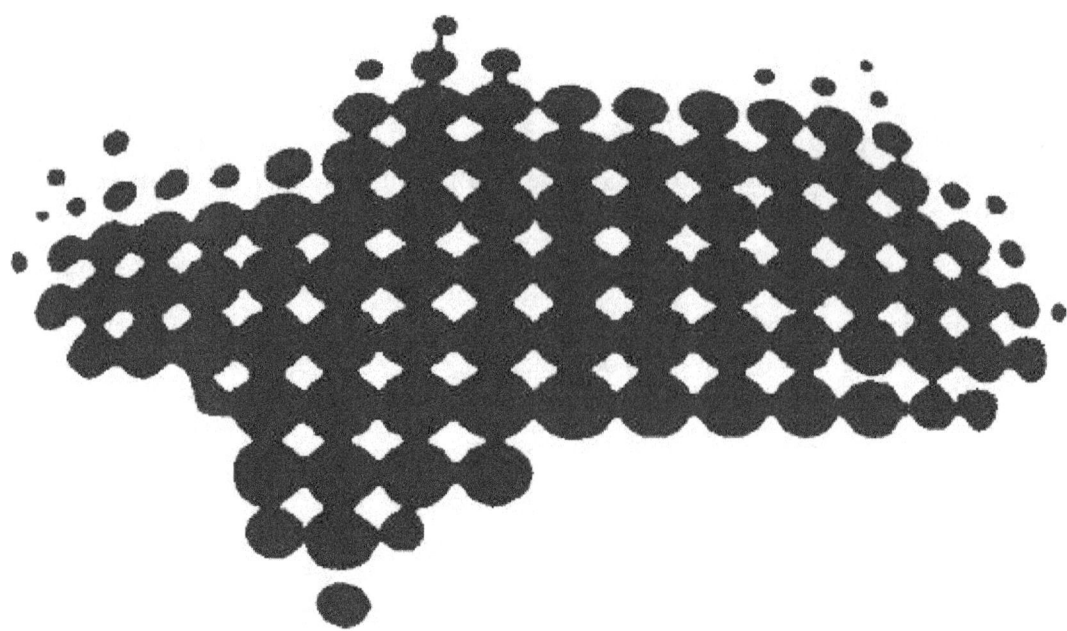

Andalucía es conocida por cosas como su turismo, su clima, su gastronomía y el carácter afable de su gente. Sin embargo, existe también una Andalucía científica, investigadora e innovadora algo menos conocida, fruto del trabajo y el talento de una serie de andaluces con espíritu creativo, emprendedor e innovador. Personas como:

Admirable   **Alberto García Perla**. Cirujano maxilofacial y profesor de investigación.

Networking   **Miguel Alemany**. CEO en 'The Golf Business Club'.

Descubridor   **Ángel León**. Chef. 2 estrellas Michelín y 3 Soles Repsol.

Atrevido   **Jesús Quintero**. Periodista y presentador de Televisión. 'El loco de la colina'.

Luchadora   **Carolina Marín**. Nº 1 y campeona del mundo de Bádminton.

Universal   **Antonio Banderas**. Actor. 'Los 33', 'La piel que habito',…

Concluyente   **Juan Pérez Mercader**. Científico. Co-descubridor del Gravito-Magnetismo (Einstein).

Imaginativo   **Antonio Cuadri**. Director. 'Cuéntame cómo pasó', 'La buena voz',…

Académico   **José Manuel Caballero Bonald**. Poeta. Premio Miguel de Cervantes.

José Manuel Romero Jara, Trigueros, Huelva, 31 de julio de 2015.

BIOGRAFIA

Mi misión profesional correlaciona con la actualización y optimización de los procesos ligados a la Industria de la Construcción y las Infraestructuras, incidiendo de una forma significativa en el progreso social y económico dentro de un marco de desarrollo sostenible. Para materializar lo anterior asumo los siguientes compromisos: a) Apostar por la generalización de modelos de gestión basados en las TIC; b) Fomentar la implantación de estándares (BIM, COBie, IFC4, SGE21, PMP®, ISO 21500, Lean Six-Sigma); c) Potenciar los modelos de colaboración público-privada en la prestación de servicios e implantación de nuevas tecnologías e infraestructuras.

Actualmente soy administrador de la consultora SmartRate Business Awareness, empresa especializada en el asesoramiento en procesos de Licitación Internacional de Proyectos de Construcción, Infraestructura y/o Energía de Financiación Privada, Pública y/o Multilateral; y, recientemente, administrador de la empresa Big Brain ideaLab, firma dedicada a la administración, adquisición, explotación, comercialización, cesión y enajenación de la propiedad intelectual e industrial.

Miembro del movimiento Spanish Leadership, proyecto español de ámbito internacional liderado por Jorge Zuazola a través de LinkedIn en el que se materializan las ventajas que ofrece LinkedIn como herramienta de inteligencia de negocios (CNI), marketing digital, personal branding y espacio público en el que compartir contenido original e inspirador en el entorno profesional. CEO y Fundador de "Sevilla Executives Leadership", incubadora de ideas ligada al entrepreneurship, al trabajo colaborativo basado en RRSS/TIC/BI, a la generación de nuevos modelos de negocio en el Sector de la Construcción y a la divulgación de las Colaboraciones Público-Privadas como vía para la implantación/actualización de infraestructuras, tecnologías y servicios.

Uso la Simulación Dinámica como herramienta cualitativa en la gestión de escenarios con incertidumbre. He colaborado en la confección del Banco de Precios de la Construcción de la Junta de Andalucía. Articulista y como ponente en jornadas técnicas. Prologuista y escritor accidental. Actualmente estudio Matemáticas en la UNED.

10.3. Queremos ser vanguardia y cómo conseguirlo.

10.3.1. Pasado muy reciente

Echar la vista atrás y ver cómo ha evolucionado nuestra vida en los últimos 20 años es un auténtico ejercicio de antropología. A los 96 años mi abuelo me relataba emocionado cómo las comodidades que nos rodean se fueron incorporando poco a poco a nuestras vidas: el agua corriente, la electricidad, la radio, el teléfono y, sobre todo, la televisión. Nacido en el año 1902 se le hacía cuesta arriba entender cómo un ordenador podía recordar datos una vez se desconectaba, "algo diabólico" que no supo encajar aun siendo un técnico de la época, perito agrimensor.

Hoy en día es difícil no pensar en clave digital. Sin embargo parece que el correo electrónico siempre existió, que la telefonía móvil siempre estuvo ahí, que buscar una referencia en Google siempre fue posible. Cuánto han cambiado nuestras vidas. Hace sólo unos días mientras tomaba un café en un bar de carretera un fallo eléctrico dejó la caja registradora fuera de servicio. El camarero preguntó al encargado cómo harían ahora las facturas. El encargado contestó bolígrafo en mano: "pues como las hemos hecho siempre". Nuestras vidas quedan moduladas en clave tecnológica más allá de lo que nos gustaría aceptar a veces.

En definitiva, hemos sufrido un cambio de paradigma importante. Si importantes fueron la revolución urbana y la industrial, las revoluciones de la información y del conocimiento están siendo las más relevantes y de mayor impacto en la historia de la Humanidad. Cambios drásticos y rápidos que demandan una tensión constante con los procesos tecnológicos a fin de sacarles partido y "estar en el mundo".

10.3.2. Escenario digital

"Hay 10 tipos de personas, las que entienden binario y las que no"

Parece mentira que el álgebra booleana estuviera olvidada durante años hasta que volvió a la luz de la mano de Claude Shannon con el diseño de circuitos de conmutación eléctrica. La física de semiconductores, los circuitos impresos, la evolución de los sistemas de memoria y de las telecomunicaciones, etc., hicieron el resto.

La WWW –world wide web– se ha consolidado como la estructura virtual sobre la que organizamos nuestras actividades en el mundo real. Tal es así que teóricos como Manuel Castells –CASTELLS, M; *La sociedad red: Una visión global*. Alianza Editorial, 2006– han acuñado una nueva sociedad –la *sociedad-red*– desarrollándose y consolidándose nuevas formas de ser y estar en el mundo. Términos como la *glocalización* de Dahrendorf –DAHRENDORF, R; *En búsqueda de un nuevo orden. Una política de la libertad para el siglo XXI*. Editorial Paidós, 2005– son parte del abecedario digital.

De alguna manera la fisiología y funcionamiento de nuestro cerebro se ha materializado y proyectado "ahí afuera" en forma de red, posibilitando el establecimiento de conexiones y la configuración de redes especializadas. En tanto que el uso de estas redes especializadas se hace frecuente su configuración se afirma y consolida, posibilitando nuevos saltos de evolución y especialización. Un comportamiento, el de las redes sociales y de comunicación, que muy bien podrían explicarse desde el ámbito de la neuropsicobiología o desde la gestión del poder. De hecho ya algunos títulos van encaminados en esta dirección, describiendo la relaciones construibles entre las redes existentes y las distintas sociedades –BRAIDOT, N; *Neuromarketing*. Editorial Gestión 2000, 2009; HAN, B; *Psychopolitk*. Pensamiento Herder, 2014-.

El escenario digital establece una co-implicación más allá de lo intuitivo quedando pendiente una asunción generalizada de su estructura y alcance, con el consiguiente desarrollo de procedimientos estándar asociados y de un marco ético-normativo que asegure los derechos fundamentales de los usuarios –DAVIS, K; PATTERSON, D; *Ethic of Big Data. Balancing Risk and Innovation*. O'Reilly Media, 2012.

10.3.3. Iniciativas andaluzas

¿Cuál es el panorama digital en Andalucía? Al margen de lo recogido en su Agenda Digital y sus objetivos para el año 2020 –sujetos a financiación europea–, el panorama digital en Andalucía es aceptable si bien es necesaria una mayor difusión a fin de permear el tejido empresarial y hacerlo partícipe de las potencialidades disponibles. Aún es frecuente encontrar grandes saltos en la adecuación tecnológica de las distintas empresas siendo deseable una presencia más estratégica y continua en los medios digitales.

Actualmente existen numerosas iniciativas desarrolladas bajo el paraguas institucional de la Junta de Andalucía tales como Guadalinfo –en el ámbito municipal–, la Agencia IDEA –con ayudas para I+D+i–, Andalucía Compromiso Digital –con cursos inmersión digital–, la Corporación Tecnológica de Andalucía –con financiación de proyectos TIC–, etc., destacando en el ámbito privado Eticom, Empresarios de Tecnologías y Comunicación de la Información, asociación que encabeza la promoción de la Andalucía digital en el momento presente.

Existe una Guía de Usos y Estilos en las Redes Sociales del Sistema Sanitario Público en Andalucía en la que se dan recomendaciones, por ejemplo, para la utilización de LinkedIn, siendo la información básica en cualquier caso, no orientándose a una estrategia institucional o profesional concreta aun cuando se reconoce en la guía que las redes sociales "facilitan la colaboración y participación en múltiples proyectos, así como en la escucha activa y la conversación con la ciudadanía."

En relación al tándem universidad-empresa, sería también deseable una más fluida relación, poniendo en valor la Oficina para la Transferencia de Resultados de Investigación, siendo esta una asignatura pendiente para la generalidad de las universidades andaluzas, salvo contadas excepciones.

Para contrapesar la balanza, hacer alusión a una de las últimas grandes transacciones en el ámbito tecnológico con gran repercusión en Andalucía: la adquisición de ONO –Grupo Multitel– por Vodafone por la cantidad de 7.200 millones de euros, la mayor operación en el sector de las telecomunicaciones en España en los últimos años, operación con la que Vodafone pasó a tener un 57% de la cuota de mercado de líneas de alta velocidad. Operación que, sin duda, repercutirá en el mercado nacional de las telecomunicaciones.

Por último aludir a la notable repercusión de los Parques Tecnológicos de Andalucía, el de Campanillas, en Málaga, y el de la Cartuja, en Sevilla, sobre todo en lo que a difusión de estándares y procedimientos tecnológicos se refiere.

10.3.4. Queremos ser vanguardia y cómo conseguirlo

La crisis de los últimos años ha puesto en evidencia las fallas del sistema económico y de los sistemas productivos. Por un lado confiar un 11% del PIB al sector de la construcción ha sido, cuando menos, temerario. Una correcta diversificación económica asegura la estabilidad del sistema económico al tiempo que diversifica la oferta del país y por, tanto, asegura su presencia en un mayor número de mercados.

La crisis también ha puesto en tela de juicio las políticas de gestión y las formas de organización de las empresas, que han pasado de una anatomía funcional a una matricial o por proyectos.

Sin embargo aún queda mucho por hacer. Las políticas de austeridad tienen un límite y ha de recordarse una de las primeras lecciones de economía: "Un menos coste no es un ingreso." Se trata por tanto, no solo de aquilatar costes innecesarios, sino de generar valor. Una inversión en los conceptos de Lean Management a nivel generalizado, sería deseable, sea cual sea el sector tratado.

Es necesario también el desarrollo de un pensamiento estratégico y esto se hace analizando a los referentes de estrategia y estudiando casos de éxito –HAMEL, G; *Lo que ahora importa*. Deusto, 2012; MARTÍNEZ ALONSO, R; *El manual del estratega*. Gestión 2000, 2013.

La Administración debe mostrar un interés concreto y especial en la gestión de proyectos, el citado y poco conocido Project Management, y hacer suyas las buenas prácticas recogidas en los mejores estándares: CMMI, PMBOK, Prince2, ISO 21500:2013, etc. Por otro lado deben asegurar su comportamiento ético mediante la implantación de sistemas de gestión ética – como la SGE21–, mediando las correspondientes auditorías.

La implantación en la Administración de sistemas de gestión con base BIM (Building Information Modeling) como soporte de trabajo colaborativo y de gestión en los procesos de viabilidad, licitación, gestión de la construcción, recepción y explotación de edificios públicos, es un planteamiento insoslayable para la consecución de los objetivos con el coste, plazo y calidad predefinidos. También servirán estos sistemas de gestión como base para el desarrollo de las Smart Cities (City Information Modeling) siendo Málaga un claro ejemplo a seguir en esta tendencia.

También sería deseable una mayor colaboración entre las empresas y la Universidad en el desarrollo de los nuevos mercados y sociedades emergentes en torno al Big Data (BD), al Business Intelligence (BI), en torno a las aplicaciones IASS/SASS/PASS en el Cloud Computing (CCE), el desarrollo material del Internet de las Cosas (IoT), el desarrollo de aplicaciones de inteligencia ambiental (AmI), la fabricación digital (DIY), el fomento del "movimiento Maker", etc., desarrollando en paralelo las habilidades sociales y técnicas relativas a las herramientas colaborativas de código abierto existentes y financiándose dichas actividades a través de contratos de colaboración público-privada equilibrados.

Al margen de las políticas estatales, Andalucía debe seguir apostando por el desarrollo de tecnologías relativas a las energías renovables, mercado con un claro despegue a nivel internacional.

Por último incidir en la educación planteando una integración real de las nuevas tecnologías de la información y la comunicación en la configuración de equipos de trabajo e investigación desde la escuela primaria, primando los criterios de trabajo en equipo y colaboración sobre la simple transmisión de contenidos. A todo ello habrá de añadirse clases específicas sobre creatividad –que también se aprende con la práctica– y sobre gestión emocional, sólo un 11% de nuestros clientes responde ante criterios objetivos, el resto responde emocionalmente ... así somos los humanos.

10.3.5. La estrategia LinkedIn

Por último hablar de LinkedIn como herramienta estratégica de softlanding –aterrizaje suave y sin brusquedades– en la Web Semántica o Web 3.0. LinkedIn se configura como la mejor herramienta estratégica a día de hoy para la generación de relaciones y negocios en la Web 3.0.

Sin embargo, a veces hablamos apresuradamente de la Web 3.0 –o nos calificamos como militantes de la Web 3.0– sin atender al trasfondo tecnológico que subyace al término. La Web 3.0 –también denominada "semántica"– tiene por objeto la potenciación de la relaciones mediante el uso de paquetes de datos estructurados que pueden ser leídos por programas inteligentes. Estos programas inteligentes, al leer estos paquetes de datos estructurados, nos ofrecen posibilidades de relación con otros usuarios de la Web 3.0 –interoperabilidad– hasta ahora inimaginables.

Esto es, precisamente, lo que ofrece LinkedIn. No se estaría haciendo un uso completo/correcto de LinkedIn si no se planificara una estrategia partiendo del conocimiento de las posibilidades que ofrecen los paquetes de datos que ingresamos en nuestro perfil en nuestras relaciones con otros usuarios de LinkedIn. Por tanto, la red profesional por excelencia, no es sólo un lugar dónde aparece nuestro perfil, lo que somos y lo que queremos ser, sino, sobre todo, un lugar donde crear y potenciar relaciones a través de herramientas potentes, concretas y específicas.

Como todo lo que realmente funciona, LinkedIn requiere dedicación, lo que Jorge Zuazola llama el "momento LinkedIn", esos minutos diarios en los que llevar a cabo la estrategia diseñada. No se trata de magia, se trata de trabajo inteligente.

Los empresarios andaluces tenemos mucho que ganar con la utilización de esta y otras herramientas tecnológicas. Animo desde estas líneas a no dejar de investigar sobre las posibilidades que ofrecen estos medios. No nos falta creatividad ni luz para mitigar toda sombra de duda sobre nuestro futuro. Queremos ser vanguardia y –con estrategia, constancia y un correcto uso de las herramientas– lo lograremos.

Pablo Linares, Málaga, a 31 de julio de 2015.

CAPÍTULO 11

Por Margarita Villegas

https://es.LinkedIn.com/in/mvillegasconsejeradirectivos/en

BIOGRAFIA

Margarita Villegas

CEO and Founder Board of Directors Leadership

Madrid Area, Spain | Internet

Current   Madavi, Board of Directors Leadership, The VALLEY

Previous   Hallman & Burke, WINK, Spanish Leadership

Education   BVBS- Consejos

View profile as ▼

500+
connections

Siento fascinación por el impacto de las nuevas tecnologías en las estrategias de las compañías y sus miembros así como el rol de estas en la transformación de sectores.

Ingeniero Industrial Superior (promoción del 81) con la especialidad de electrónica y automática por la ETSII de la Universidad Politécnica de Madrid.
MBA por el Instituto de Empresa, PDG por el IESE y certificación de Consejera por el Bureau Veritas.

Profesora de marketing del Master de Internacionalización del ICEX desde el año 2004, coordinadora del área de estrategia del Master en Digital Business de The Valley desde el año 2011, y profesora de estrategias mobile del Master de Proyectos Culturales de La Fábrica.

Fundadora de Board of Directors Leadership,

Empecé trabajando en lo que, por el año 1986, era lo más puntero tecnológicamente: la transmisión de datos, en Telefónica Sistemas. En el año 87 di un salto hacia componentes de electrónica de última generación en una empresa sueca, que ya empezaba a trabajar en el concepto de la interconexión, antecesor del actual movimiento "del internet de las cosas".

En 1989, Accenture, a la sazón Arthur Andersen, me propuso incorporarme a su división de tecnologías avanzadas para posteriormente pasar a formar parte, un año más tarde, del área de estrategia. Durante 15 años permanecí en Accenture asumiendo diferentes roles de responsabilidad como consultora y siendo responsable de la implantación de iniciativas europeas tales como las metodologías integrales o ecommerce. Llevé a cabo proyectos de redefinición de estrategia, de impactos estratégicos en la tecnología y viceversa, de redefinición de procesos, de ayuda a la entrada en España de compañías extranjeras, de análisis de viabilidad, de valoración de alianzas, de estudio de adquisiciones, etc.

Seguí ejerciendo durante seis años, la consultoría en Daemon Quest by Deloitte, unidad especializada en marketing y ventas con un importante foco en la experiencia de cliente y multicanalidad, donde el nuevo canal de internet empezaba a ser un factor a tener en cuenta en todos los planteamientos tanto estratégicos como tácticos.

Tras la etapa de consultoría, estuve durante un año y medio siendo Client Chief Officer de Wink, una agencia de medios digitales.

En la actualidad estoy embarcada en múltiples proyectos: startups digitales relacionadas con la salud, el desarrollo de asesoría de transformación digital, y la aplicación de la indagación apreciativa al ecosistema empresarial como motor dinamizador para cambiar la manera en la que cambiamos.

11. Digitalización: la necesidad imperiosa de la transformación

11.1. Las reglas de la transformación digital

El comportamiento de los consumidores definitivamente ha cambiado. La lucha de las empresas por conquistar sus corazones, sus mentes e incluso sus almas, se gana (o se pierde) en micro-momentos, pequeños momentos donde el consumidor toma decisiones que configuran lo que ocurrirá después hasta llegar al tan deseado momento (por las empresas sobre todo) de la compra.

Si las decisiones se toman en micro-momentos, si la manera de llegar a estos micro-momentos es totalmente multicanal, y el comprador puede recibir impactos de cualquier competidor, y además él mismo puede elegir desde donde los quiere, ¿qué puede hacer una compañía?

Aquí sólo hay una alternativa: la digitalización continua, como fórmula para generar una ventaja competitiva.

Los elementos que han llevado a la posibilidad de poder atender a estos micro-momentos son por un lado la conectividad (uso de dispositivos móviles y aplicaciones), por otro, la capacidad de almacenamiento y procesamiento de información, junto con la obtención permanente de datos de perfiles comportamentales y por otro las redes sociales. Estos factores están dejando obsoletos a muchos modelos de negocio. Muchas compañías tienen por delante el reto de redefinir o reinventarse para ser relevantes para un consumidor digital.

Incluso las que han nacido digitales como Amazon, Facebook, Google o LinkedIn, generan mejoras continuas de su interface con el cliente, y amplían/evolucionan sus servicios a través normalmente de adquisiciones para ganar momentum.

Para poder afrontar una transformación o mantenerla (en el ecosistema digital nada es permanente, todo está en continua evolución) se necesita:

1- **Generación de sentido**. Es decir una clara declaración de la Dirección de hacia dónde se dirige la organización y que esta declaración sea compartida por toda la organización. Para ello son vitales las prácticas de desarrollo apreciativo así como la participación en redes sociales. Los mejores líderes son aquellos que aprovechan a su favor el liderazgo de todos los demás miembros de la organización.
En este punto es fundamental resaltar aquellos elementos que van a permitir a la compañía ser excelente.

2- **Claridad en la inversión y su valoración**. Esto significa traducir el punto anterior en objetivos estratégicos y acciones, delimitándolas en un mapa de ruta. Y para asegurar que estas acciones se cumplen es necesario establecer mecanismos de gobierno que permitan aterrizar la transformación digital. Estos mecanismos de gobierno incluyen comités de seguimiento y aprobación y la puesta en marcha de grupos de control que aseguren que las iniciativas son factibles y se dimensionan adecuadamente a lo largo de toda la organización.

3- **Movilización de la organización**. El punto de partida es una comunicación clara de hasta dónde se quiere llevar la digitalización y cuál es la ambición que hay detrás. El segundo punto es la involucración de la organización pero hay que saber ganarse el derecho para involucrar a otros. El principio que sustenta esta fase es la de co-creación de soluciones. Tanto empleados, como proveedores, accionistas e incluso clientes deben ser involucrados en la co-creación de soluciones, desarrollando aquellas que puedan ayudar a que se produzca el cambio. Esta manera de proceder permite generar nuevos comportamientos y por lo tanto evolucionar la cultura establecida hacia una cultura de cambio.

4- **Mantenimiento de la transformación digital**. El mantenimiento se sustenta en la generación de los conocimientos y habilidades digitales de la compañía, en una plataforma digital escalable, y métricas que permitan tener visibilidad del curso de la transformación.

Es curioso observar el paralelismo de estas reglas de la transformación digital con los elementos que LinkedIn integra en las páginas de empresa. LinkedIn es una pieza más del engranaje.

11.2. La generación de sentido en LinkedIn.

La generación de sentido se produce en la descripción de la página de empresa. En este caso, el fundador/fundadores de la página define/definen la intencionalidad de la Compañía, y el sentido compartido se va generando a través de la involucración y participación ("engagement") de los seguidores. Véase un ejemplo de la página de Board of Directors Leadership.

Descripción de la misión de la Compañía y generación de involucración

11.3. La claridad de la inversión y su valoración.

La claridad de la inversión y su valoración, es fundamental, aunque en el caso de la página de Empresa, se pueden generar campañas de branding y performance, sobre todo lo que se requiere es establecer un plan de acción y dimensionarlo en tiempo. Una página de empresa, para mantenerse en niveles altos de engagement requiere de una media de 2 horas semanales.

11.4. La movilización.

La movilización, se arma en LinkedIn a través de la co-creación permanente de sus seguidores.

Algunos elementos que llevan a la movilización son
- La esponsorización de contenido relevante que llegue a los profesionales, que a su vez pueden interactuar con dicho contenido y expresar sus opiniones. Nada más valioso que esto¡
- La generación de conversaciones con y entre los seguidores a través de preguntas, de mini pruebas o comentando éxitos de la Compañía.
- La utilización de la pestaña de "carreras" para no sólo buscar profesionales para una posición, si no para atraer talento, con contenido sobre la cultura de la compañía.

- La utilización de imágenes de rich media atractivas. El presupuesto no es una excusa para no utilizarlas. Existen bancos de imágenes (por ejemplo 123RF o Getty) que tienen imágenes de muy alta calidad, sin derechos con coste inferior a los 10 euros.
- La utilización de las showpages para segmentar a audiencia

11.5. El mantenimiento de la digitalización.

El mantenimiento de la digitalización es controlable en LinkedIn.

La generación de contenido desde la página, LinkedIn lo considera un "sponsor" y por cada uno de ellos produce unas métricas que miden la relevancia y el nivel de "engagement" generado.
- Las métricas que aparecen son las mismas que se utilizan para hacer los seguimientos de las campañas digitales a CPM o a CPC.
- *La audiencia* puede ser universal o se puede segmentar (por posición, por geografía, por industria, etc.).
- *Las impresiones* corresponden al número de veces que aparece el contenido.
- *Los clicks* son las veces que un target ha pulsado en el contenido, en el nombre de la Compañía o en el logo. No incluye las interacciones

- *Las interacciones* son los "compartir", los "likes", "comentarios" o "seguidores adquiridos".

- *El engagement,* es la suma de interacciones+seguidores adquiridos+clicks, y todo ello dividido por el número de impresiones. Depende de muchos factores, pero en general, en las campañas digitales universales, un engagement por encima del 2% es muy buen resultado.

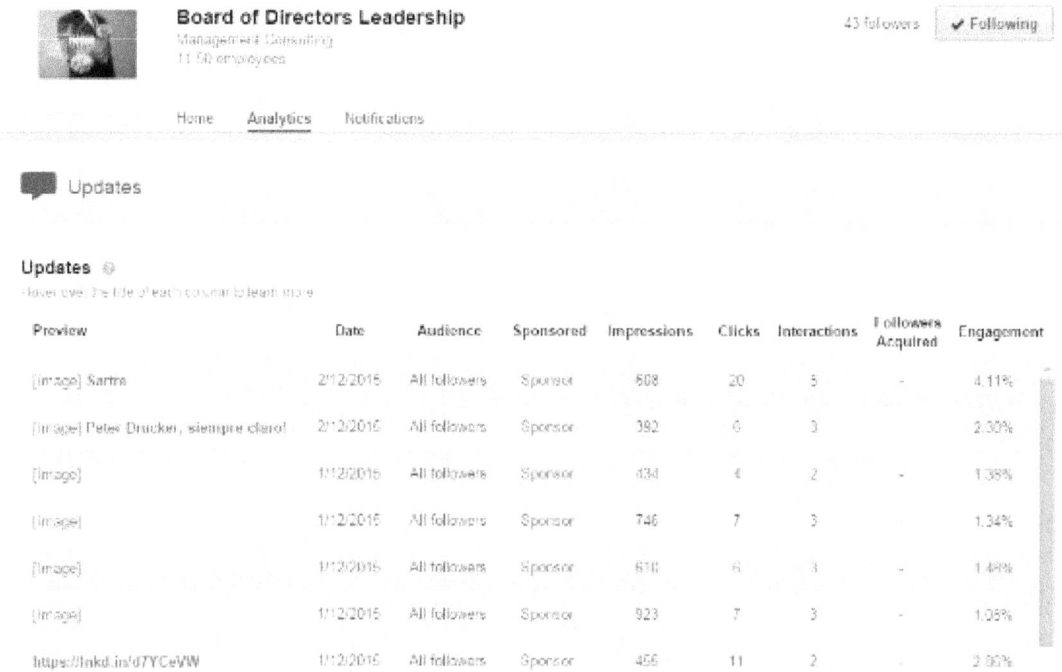

Estos datos se pueden también ver como índice de notoriedad (reach) y generación de "engagement" a lo largo de un periodo de tiempo.

La posibilidad de poder ver parámetros de segmentación de los seguidores es una información muy útil para generar showpages por segmentos.

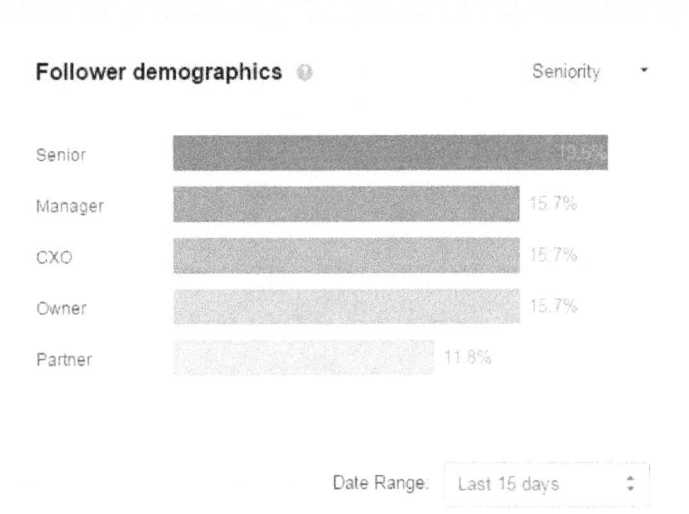

También es interesante ver la diferencia entre página vista (un mismo usuario puede ver una página varias veces) y el número de visitantes únicos. Siendo este parámetro especialmente relevante en una estrategia de captación de clientes.

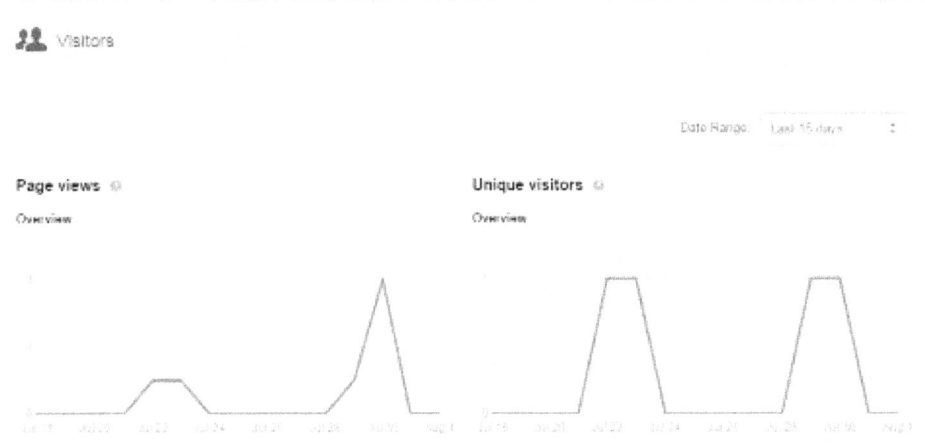

La monitorización de todas estas variables permite una adaptación flexible para conseguir unos mayores ratios de conversión.

Hay que estar preparado para encarar los desafíos de los consumidores (cambios de consumo, criterios contradictorios, agilidad en la respuesta, quieren que se piense en ellos, etc…) y para adaptarse rápidamente a la aparición de nuevas tecnologías.

La necesidad de compromiso con la incertidumbre requiere generación de sentido para la flexibilidad, claridad de la inversión para optimizar los recursos, la movilización para asegurar la productividad, y el seguimiento y control de métricas para optimizar el funnel de conversión.

Margarita Villegas, Madrid, 31 de julio de 2015.

CAPÍTULO 12

Por David Romero Cordente

https://uk.linkedin.com/in/davidromeroconstructionmanager

BIOGRAFIA

David Romero Cordente, PMP®

Project Manager. Construction. International Experience. Founder of British Project Management Leadership

Guildford, United Kingdom | Construction

Current	British Project Management Leadership, Servicio aragonés de salud (Aragon Health Services), Toastmasters International
Previous	British Leadership. Gerencia de Urbanismo de Teruel, Grupo Conca
Education	Project Management Institute (PMI)

 View profile as ▼

500+ connections

https://uk.linkedin.com/in/davidromeroconstructionmanager

Contact Info

Profesional de la Gestión de Proyectos, especializado en el sector de la Edificación. Con amplia experiencia en los procesos de ejecución de proyectos de la construcción, tanto desde la perspectiva del contratista principal, como desde el lado del cliente como desde la Administración Pública.

Máster in Project Management, por La Salle BCN-Business Engineering School, Universidad Ramón Llull y **Arquitecto Técnico** por la Universidad de Castilla La Mancha, Escuela Politécnica de Cuenca.

Certificado como PMP (Project Management Professional) por el PMI (Project Management Institute).

Colaborador en diversos artículos e iniciativas en Internet.

Acreditado miembro del **Chartered Institute of Building** (CIOB) y de la **Chartered Association of Building Engineers** (CABE) en el Reino Unido, donde además ha efectuado diversos cursos profesionales específicos del sector de la construcción.

Fundador del **grupo** en Linkedin sobre el liderazgo en la gestión de proyectos **British Project Management Leadership.**

 CEO y fundador de la Página de Empresa **British Project Management Leadership** (www.britishprojectmanagementleadership.com), también en LinkedIn.

Co-fundador y Vicepresidente de Membresía de la **Asociación de Oratoria y Liderazgo ToastMasters** Zaragoza.

Actualmente trabaja en algunos de los Proyectos de Construcción de mayor envergadura a nivel nacional dentro del Servicio Aragonés de Salud.

12. Expandir tu actividad profesional al network, la carrera del presente

¿Te has dado cuenta que estamos viviendo en la época más increíble en la historia de la humanidad? Es una gran oportunidad y no la podemos desaprovechar.

En el año 2013 tras asistir a la mejor clase de mi vida impartida por Lluis Soldevila i Vilasís, comprendí que podemos alcanzar casi cualquier meta que nos propongamos. Y es así como empecé a cambiar de mentalidad.

Aprendí que todo lo que necesitamos es saber qué queremos conseguir para posteriormente preparar un plan que contenga todo lo que vamos a hacer para conseguirlo. El plan deberá incluir a personas con las que contactar.

¿Con quién contactar?, buena pregunta. Es ahí donde aparece en mi vida Jorge Zuazola con quién ya tras el primer training me comenzaron a suceder cosas inimaginables poco antes.

12.1. Primer training: 12 pasos

¿Suelen contactar contigo empresas y profesionales con propuestas y oportunidades de trabajo en esta época de crisis? En mi caso, a raíz del training comenzó a suceder. ¿No es increíble? Para mi verdaderamente lo fue.

Siempre me había parecido bastante simple el funcionamiento de LinkedIn, al igual que limitadas sus posibilidades. Pero todo esto cambió radicalmente cuando Jorge me enseñó a usar el buscador avanzado. Increíble. Literalmente el mundo se abrió ante mí. Se me presentó todo un mundo de posibilidades al constatar que se puede contactar con casi todo el mundo. Comprendí que LinkedIn no es una agenda de conocidos sino una red mundial de negocios. Puedes hacer contactos con casi todo el mundo y por extensión negocios. Aprendí a establecer contactos de valor tras definir a las personas que potencialmente mejor se adaptan a mis intereses y posiblemente yo al de esas personas. Es decir, en este punto el interés pasa por hacer crecer tu red de contactos en base a tu estrategia.

A la vez hice uso de palabras claves en mi extracto, con el objeto de aumentar las posibilidades de que quien esté buscando a alguien de mi perfil pueda llegar hasta mi más fácilmente. Me parecía algo difícil de creer. Lo que uno no ve cuesta creerlo. Pues resulta que en los últimos 8 meses he tenido acercamientos con propuestas de trabajo en todos los meses y todo ello porque me encuentran por las famosas keywords. Así que piensa por cuales de tus habilidades te podrían buscar y encontrar alguien a quién le pudieses interesar y haz uso de las palabras clave. En mi caso, al tener el foco en el extranjero (Reino Unido), me han aparecido oportunidades siempre fuera de España, proviniendo una de ellas del lugar más increíble del mundo en mi campo. A veces ocurren estas cosas si estás ahí.

Poco a poco me fui encontrando más y más cómodo en LinkedIn. Incluso comencé a ser activo en ciertos grupos profesionales de mi industria en el Reino Unido. De algún modo comencé a ser más visible, algo que por otro lado no me preocupaba. Entonces empezaron a llegarme mensajes de diferentes países interesados en que compartiese con ellos información técnica de mi campo, diversos acercamientos de empresas interesadas en mi perfil, propuestas directas de negocio, etc. No daba crédito. Es decir, la visibilidad es quién determina tu existencia en la red.

El participar en grupos y compartir artículos ayudan a ello y por otro lado el empleo de palabras clave en tu perfil te permiten ser encontrado. Y para que tú encuentres a tu mejor apuesta usa sin duda la búsqueda avanzada. Así es como fui comprendiendo eso de que LinkedIn es nuestro mayor activo digital, ¿lo vas entendiendo así?

A los pocos meses le escribí a Jorge para resumirle todas las cosas que me había ido sucediendo y concretamos el siguiente paso, la creación del grupo. ¿Todavía no crees que LinkedIn sea "mágico"?, pues déjame que te siga contando.

12.2. Training: Creación de Grupo

Los motivos por los que te podría interesar crear un grupo pueden ser muy variados, pasando por evidente motivos profesionales hasta incluso personales. En mi caso decidí crear un grupo por cuatro motivos:

1º. Un grupo representa un activo monetizador desde el momento en el que te empiezas a posicionar como experto. A propósito no te confundas, ser experto no quiere decir ser una eminencia mundial ni tener respuestas a todas las preguntas.

2º. Es una gran manera de transmitir y ampliar conocimientos. Además de ayudarme en mi crecimiento personal y profesional me sirve para contribuir a la comunidad profesional. Es decir, cuando contribuyo al grupo crezco personal y profesionalmente y además ayudo a otros profesionales. Es muy gratificante.

3º. Por el concepto Leadership. Una encuesta publicada en Septiembre de 2013 por el PMI reveló que las habilidades de Liderazgo en la gestión de proyectos tienen un peso de un 81%, mientras que las habilidades técnicas específicas tienen un peso de un 9% (el resto corresponde a habilidades de menor peso). Como ves no todo es estudiar un título, las habilidades de liderazgo tienen un peso descomunal. Entendí que era una buena oportunidad para dar un paso adelante.

4º. La visibilidad es una gran manera de conseguir oportunidades de negocio. Es evidente que cualquier actividad adicional en LinkedIn es susceptible de crear nuevas conexiones y por tanto oportunidades potenciales de negocio. Podrás utilizarlo como apoyo para la venta de servicios y/o para la selección de potenciales empleadores o consumidores de tus servicios. Pasando desde un nivel a gran escala, si vendes un producto o servicio, hasta un nivel más selectivo si buscas encontrar trabajo en un determinado lugar y/o empresa.

Así que tras pasar por la instrucción y recomendaciones de Jorge lancé en LinkedIn mi propio grupo. Siendo que mi objetivo es seguir desarrollándome profesionalmente en el campo del desarrollo de proyectos en el Reino Unido, atraído por el concepto Leadership y a su aplicación en el campo personal y profesional decidí crear el grupo British Project Management Leadership.

El administrar el grupo me compromete a leer libros, ver videos, leer artículos especializados y como resultado, me hace crecer personal y profesionalmente. Además por el grupo han contactado conmigo personas de varios países, interesados en la iniciativa y se han creado relaciones sólidas con posibilidades de futuro.

Así es como en mi caso la creación de un grupo y mi objetivo profesional se encuentran alineados, formando parte de mi estrategia de negocio, de formación personal, de crecimiento profesional, de contribución y de hacer nuevos contactos. Hay muchas estrategias, con parecidos y diferencias, depende de los objetivos de cada uno.
Como ves, crear un grupo tiene muchas más posibilidades de las que seguramente pensabas, ¿verdad?

Grupo: https://www.linkedin.com/grp/home?gid=8309507

12.3. Training: Página de Empresa

La creación de la Página de Empresa es un paso más allá después de la creación de un grupo. Es la puerta de entrada de y a los negocios. Es el lugar por excelencia para "marketear" todo tipo de servicios y productos. Pero de nuevo, no todos vendemos ni buscamos lo mismo, así que la estrategia y el uso podrán tener sus diferencias.

En mi caso, la creación de la página de empresa es un antes y un después. Te daré un claro ejemplo de su potencial. Como sabes las páginas de empresa tienen seguidores en LinkedIn. Tú mismo puedes seguir y seguramente serás seguidor de varias empresas de tu campo. Pues resulta que mi página de empresa también tiene seguidores y algunos de ellos son profesionales con importantes potenciales posibilidades de negocio para mí. ¿Entiendes ahora que contactar con ellos me resultará más sencillo y que partiré desde una posición más sólida y por tanto más susceptible de éxito (para ambas partes) como CEO y fundador de una página de empresa a la cual siguen?

La Página de Empresa me está permitiendo hacer contactos tanto a nivel de gerencia como en cualquier otro nivel que de otro modo tendría mucho más limitado. No es lo mismo acercarme a un hipotético cliente o empleador como CEO o Founder que no siéndolo. Puede sonar un poco raro, pero es que es así en mi experiencia. Y esto es así porque lo demuestra el hecho de que los nuevos contactos habitualmente se interesan por la iniciativa, lo cual genera comunicación y a veces posibilidades. La gente te ofrece su ayuda y estoy teniendo la oportunidad de contactar con gente muy interesante.

Como puedes ver, la página de empresa está siendo la entrada de recepción de oportunidades de colaboración y negocio y también la oportunidad para lanzar mis propuestas desde una posición más sólida.

Ahora sí que debes tener claro que LinkedIn no es un curriculum en internet conectado a tus contactos inmediatos. LinkedIn te permite una gran cantidad de posibilidades para diferentes estrategias. Y es que LinkedIn, es un gran lugar donde puedes contactar con casi cualquier persona del mundo y crear sinergias de trabajo increíbles. Tú decides tus objetivos y estrategia.

Empresa: https://www.linkedin.com/company/british-project-management-leadership

12.4. Escribir en Pulse

Posteriormente Jorge me recomendó que escribiese en Pulse. A priori esto de escribir quizá no te haga mucha ilusión. Te reconozco que visto así también me echaba un poco atrás. Encontrar tiempo, buscar el tema, saber que te expones mucho más. Además en inglés en mi caso, buff... Pero hace tiempo que decidí que la "excusitis" no tiene cabida en mi forma de pensar. Para empezar, al escribir artículos nos volvemos "públicos", cosa que siempre vemos con temor porque nos hace más vulnerables. Sin embargo el escribir humaniza nuestra identidad digital profesional, y eso siempre genera proximidad y confianza. Te lo diré con otro argumento "Perfection is the enemy of progress". No esperes a ser capaz de hacer las cosas perfectamente para empezar a hacerlas. Además ¿qué otra mejor manera para demostrar tu propósito, qué y quién eres, cómo piensas, tus fortalezas, tus debilidades, etc.? Ciertamente es un nivel más de exposición, pero debemos ser responsables de nuestros actos y así es como seremos plenamente responsables de nuestros logros.

El escribir es una manera de obligarte a pensar en conceptos que de otra manera no harías y ello hace que aprendas porque profundizas. Lees libros y artículos, ves videos específicos, te suscribes a fuentes de información y es así como sigues creciendo.

Cuando alguien se interesa por tu perfil, puede acceder a tus artículos y desde el principio resultas más cercano y más humano, a la vez que tu perfil resulta más completo y todo esto son puntos a tu favor.

Posts: w.linkedin.com/today/posts/davidromeroconstructionmanager

12.5. Inversión de Tiempo

Pensarás que me paso el día en LinkedIn. Nada más lejos de la realidad. Lo que más cuesta es completar el perfil, pero una vez hecho, te aconsejo que no pierdas el tiempo en LinkedIn. Es decir, invierte el tiempo necesario.

En mi caso procuro conectarme varias veces al día en periodos previamente establecidos. Además, cada vez que me conecto, ya tengo claro aquello que voy a hacer. El objetivo es no perder el tiempo.

Unas veces publico posts, otras veces respondo emails, leo artículos, establezco contactos, etc. Siempre con el objetivo de invertir el menor tiempo posible y alcanzando la mayor efectividad.

Dependiendo del día invierto entre 20 y 40 minutos, empleando conexiones que van desde 1-2 minutos hasta unos 15 minutos. En total me conecto una media de unas 3-4 veces al día. Tan poco es tanto, ¿no? Estamos hablando de mantener y cuidar tu mayor activo digital. Tu imagen al mundo.

Conclusión General

Y hasta aquí un resumen de mis experiencias personales en LinkedIn. Como ves, LinkedIn tiene mucho más partido que sacar del que pueda parecer en principio. Además permite emplearlo de diferentes maneras dependiendo de nuestros objetivos y estrategia. El camino en LinkedIn me ha llevado a conocer la que para mí es el arma profesional de mayor valor del mundo. El mundo profesional sigue consistiendo en contactos entre personas pero ahora se comienzan en LinkedIn. Sin olvidar que estamos viviendo la época más increíble de toda la historia de la humanidad. Por primera vez toda meta es alcanzable y LinkedIn es la herramienta clave.

Las posibilidades son muchas y sólo tú puedes ir trazando tu objetivo, estrategia y acciones a realizar. Para ello debes pasar a la acción. Espero que desde ya tomes consciencia de la importancia de LinkedIn y comience a formar parte de tu estrategia. Por tanto te animo a que no lo desprecies y hagas uso de las enormes posibilidades que ofrece LinkedIn y verás cómo tus metas estarán un poco más cerca.

David Romero Cordente, Zaragoza (España), 31 de julio de 2015.

CAPÍTULO 13

Por Dalmiro Pérez

https://es.linkedin.com/in/dalmiroperezgalicialeadership

BIOGRAFIA

Dalmiro Perez Gomez

Ejecutivo, CEO NOSTRUM Asesores, Auditores y Consultores. Fundador de Galicia Business Leadership

Vigo, Galicia, Spain | Contabilidad

Actual	NOSTRUM, SetPay, Galicia Business Leadership
Anterior	Spanish Leadership, Luiwans Internacional SL, Miguel Crespo Vila SL
Educación	IE Business School

Ver perfil como ▼

más de 500 contactos

Información de contacto

Biografía (muy breve).

Soy Gallego, de Vigo, economista. Tienes todos mis datos en LinkedIn.
dalmiro.perez.linkedin@gmail.com

Misión de Carrera Profesional: Continuar aumentando la cuota de mercado de NOSTRUM en los sectores de TIC, Informática, Pesquero e Industrial convirtiéndome en un referente a nivel regional y nacional.

Como fundador de GALICIA BUSINESS LEADERSHIP en LinkedIn responder a los retos profesionales de desarrollo y expansión de las empresas con una visión estratégica.

Como economista su objetivo es optimizar los activos del cliente. La orientación está enfocada a resultados aportando valor añadido a las empresas con cada trabajo.

Demuestra una amplia experiencia en la asunción de retos profesionales y en la planificación fiscal y contable enfocada a la optimización de recursos financieros de las empresas.

Es un profundo conocedor de la problemática de las empresas gallegas debido a su actividad de auditor y consultor con algunas de las principales empresas de la Comunidad.

Tiene habilidades comunicativas ya que es conferenciante habitual en charlas realizados para grupos profesionales como Asociación PYMES (APE Galicia) y la Asociación Talleres Automóviles (ATRA)

Está altamente cualificado en sus conocimientos profesionales y ha impartido y organizado cursos en el Colegio de Economistas de Pontevedra.

Tiene una amplia experiencia en operaciones de Corporate habiendo participado en importantes operaciones. Tiene una amplia cualificación para la negociación con personas y organizaciones.

13. Reino Unido de España es el ejemplo a seguir: Galicia Business Leadership

13.1. Introducción

En el otoño-invierno de 2014 la gripe fue muy fuerte en España. En las navidades me visitó y después de 15 años me obligó a guardar cama. En el proceso de convalecencia, buscando en el IPad, me encontré con unos videos en el CEF sobre LinkedIn.

YouTube me llevó asimismo a unas entrevistas hechas a Arturo de las Heras en el programa de TVE "La aventura del saber".

En dichos videos Arturo de las Heras hablaba de un consultor llamado Jorge Zuazola que, según afirmaba, era la persona que le había abierto los ojos en LinkedIn. Una búsqueda en LinkedIn, encontré a Jorge y me puse a seguirlo.

En los siguientes días me aparecieron vínculos a sus post, sus artículos, sus recomendaciones…, he de confesar que al comienzo entendí poco, por momentos nada, pero incitó mi curiosidad.

Un par de semanas después participé en su conferencia por Skype de 15 minutos y realicé el primer training con él. Descubrí lo que LinkedIn podía ofrecer y que yo ignoraba totalmente.

Entré en LinkedIn en 2010, por una recomendación de Pablo López Domínguez CEO de Hacce y buen amigo, y lo utilicé durante 5 años como una agenda, no le encontraba más uso, aceptaba las invitaciones que me hacían y Linkedineaba a las personas que conocía personalmente, participaba en algunos grupos y nada más.

Jorge me enseñó el inmenso poder de los grupos de LinkedIn.

13.2. ¿Para qué sirve LinkedIn?

Sirve para establecer relaciones profesionales con otras personas.

Yo me dedico a prestar servicios profesionales, soy Economista. En Nostrum nos dedicamos a asesoría, auditoría y consultoría.

En el mundo de los servicios profesionales los vínculos con los clientes se establecen porque somos capaces de generar una relación de confianza con ellos. No estoy descubriendo ningún secreto de marketing al decirlo.

Nosotros estamos ubicados en Vigo, una ciudad periférica, situada en Galicia, un territorio periférico dentro de España.

13.3. Pasos para estar en LinkedIn

Primero: Definir los objetivos y analizar nuestros activos

Nuestro mercado ha sido siempre Galicia y el objetivo que nos marcamos fue aumentar nuestro reconocimiento profesional dentro de ella.

Tenemos dos activos principales:
- el equipo de profesionales que está en Nostrum
- el bilingüismo nativo que tenemos, podemos hablar castellano y gallego y comunicarnos con 800 millones de personas

En el primer training con Jorge creamos el grupo de Galicia Business Leadership, en 6 meses superamos las 800 personas.

Segundo: Método.- La creación del grupo

En Marketing se trata de COMUNICAR, establecer relaciones con personas con el fin de realizar el proceso natural de reconocimiento. En un proceso de marketing, se siguen las fases.

El Grupo de LinkedIn te permite establecer una relación **personal** con gente que tiene unos intereses y aficiones similares y con las que vas a interactuar y vas a obtener un reconocimiento por ello. No tiene sentido que lo hagas cerrado, todo el grupo debe poder participar. El grupo ha de ser abierto.

Y, aunque te parezca extraño, el grupo NO debe tener el nombre de tu empresa, si lo tiene, las personas considerarán que lo único que te mueve es el afán de machacarlos con publicidad. Y a nadie nos gusta que nos aplasten con publicidad, haz un grupo genérico, así nosotros desde NOSTRUM creamos el grupo GALICIA BUSINESS LEADERSHIP.

Tercero: Mejor acompañado

Es mejor que las actividades dentro del grupo las desarrolles junto con otras personas, que las hagas administradores del mismo, que participen, haz que tu equipo se involucre, dales autonomía, déjales a su aire, descubrirás que algo que tú no puedes hacer para ellos es sencillísimo, y algo que para una persona es complicado para otra no lo es. Al haber varias personas involucradas se multiplican los efectos de cada una de ellas.

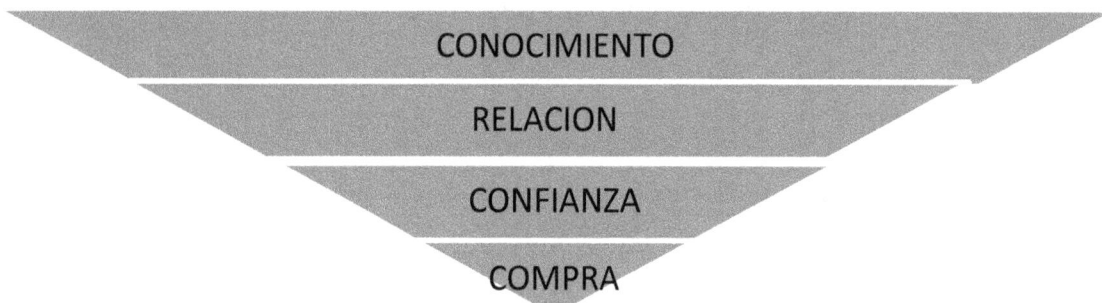

Cuarto: Autonomía, crea subgrupos de temáticas específicas y cede el poder al equipo

Haz subgrupos para temas concretos, que se haga cargo la gente de tu equipo, has de generar autonomía de decisiones en ellos, se producirá un efecto multiplicador de forma espectacular.

Quinto: Haz relaciones

Define las personas con las que te interesa contactar, se educado, contacta con ellos, te sorprenderás.

13.4. Resumen

- Crear un grupo genérico, temático o territorial
- Invitar a todos tus contactos
- Ábrelo a todo el mundo
- Comparte la administración del grupo con tu equipo
- Dales el mando a ellos

Y lánzate, no perderás nada y ganaras mucho.

Dalmiro Pérez Gómez, Vigo, 30 de julio de 2015.

CAPÍTULO 14

Por Carlos J. Pampliega

http://www.linkedin.com/in/carlospampliegacastillaleaders

BIOGRAFIA

Carlos J. Pampliega, PMP

Arquitecto & Project Manager. Gestión de Proyectos.
CEO & Fundador de Castilla Leon Business Leadership

Burgos Area, Spain | Real Estate

View profile as ▾

500+
connections

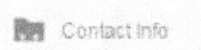 Contact Info

Nacido en Las Palmas de Gran Canaria en 1977. Estudia en la Escuela de Arquitectura de la Universidad de Valladolid entre 1995 y 2001, especializándose en la Restauración Arquitectónica cursando el Master en Restauración Arquitectónica en 2003.

En 2003 funda, junto con Luis Sanz Salinero, SALINERO PAMPLIEGA Arquitectos, orientando sus trabajos al diseño y construcción.

Es Certificado Project Management Professional, (PMP®) por el Project Management Institute, especializándose en la Dirección y Gestión de Proyectos. Es miembro de la Junta Directiva del PMI Madrid-Spain Chapter, y ha colaborado en la creación del PMI Castilla y León Branch, con la misión de difundir la Dirección de Proyectos en esta región.

Respondiendo a un cambio un cambio estratégico en la oferta de servicios, en 2013 desarrollan el spin-off SALINERO PAMPLIEGA Project Management. Especialista en Análisis y Gestión de Riesgos por la George Washington University, realiza labores de consultoría en la optimización de Activos Inmobiliarios.

Co-fundador y Editor de PMIdeas, un espacio de colaboración y difusión de conocimientos y herramientas sobre Project Management.

La experiencia técnica adquirida como Arquitecto, le ha facilitado desarrollar habilidades de comunicación, liderazgo y desarrollo de equipos, que complementan el perfil de Project Manager demandado por las empresas. Ha demostrado este compromiso entre conocimientos técnicos y habilidades de gestión, en la consecución exitosa de los proyectos dirigidos, trasladando su experiencia en la construcción a otros ámbitos y sectores de innovación.

Fundador de Castilla y León Business Leadership. La misión de este grupo es la de ayudar a las organizaciones y profesionales a implementar y desarrollar sus proyectos, respondiendo a los retos de desarrollo y expansión de las empresas con una gran visión estratégica. Su objetivo es convertirse en un referente en el ámbito de Castilla y León relacionado con la Dirección de Proyectos, la Gestión y el Liderazgo Empresarial.

14. Servir al cliente vía LinkedIn, la clave de éxito 3.0 para todo empresario

Hipersociabilidad: el Poder de la Colaboración

En una reciente publicación de **Scientific American**, Curtis Marean define al *H. sapiens* como *The Most Invasive Species of All*, debido sin duda al éxito en la expansión humana por todo el orbe, lo que ha supuesto a veces la extinción de otras especies. Esto ha sido posible gracias a lo que el autor denomina **hipersociabilidad**, una habilidad genética de la raza humana para la colaboración y la creación de grupos sociales.

La historia del desarrollo de nuestra especie pone de manifiesto el poder de la **colaboración**, la creación de grupos sociales complejos, con un alto grado de coordinación entre sus miembros, conocimientos compartidos y la **capacidad para adaptarse** a entornos nuevos y desconocidos. El conocimiento adquirido por estos grupos pasaba a ser colectivo en forma de lecciones aprendidas que compartían y potenciaban el aprendizaje de la especie.

> *"With the ability to operate in groups of unrelated individuals, H. sapiens was well on its way to becoming an unstoppable force".*

La evolución de nuestros ancestros, y el poder que desarrollaron gracias a la colaboración, sirven de inspiración a las empresas y organizaciones más avanzadas socialmente.

14.1. Working Social - Working Digital. Colaboración y Adaptación al Cambio.

Los negocios se vuelven más sociales.

Actualmente los negocios tienen una componente cada vez más social, en parte porque somos *Homo Socialis*, (programados genéticamente para la colaboración), pero también porque ahora tenemos los medios tecnológicos para elevar exponencialmente las relaciones de las empresas con sus clientes e interesados.

Ted Coine y Mark Babbit, autores del libro *A World Gone Social: How Companies Must Adapt to Survive*, explican esta relación entre la **Era Social** de los negocios y la **Revolución Digital** a la que se deben adaptar. Impulsada por la colaboración - y construida sobre los cimientos de la nueva tecnología que permite una comunicación directa con cualquier persona a un clic de distancia- lo que denominamos entorno 3.0 está marcando a las empresas: organizaciones con jerarquías más planas donde la comunicación es abierta, un distinto estilo de liderazgo auténtico y un cambio de cultura empresarial donde los clientes y proveedores adquieren un mayor peso en las decisiones de las empresas.

No todas las empresas están adaptándose igual a este nuevo **Management 3.0**. Muchas empresa son reacias a las "modas" digitales, consideran una pérdida de tiempo adoptar una estrategia digital, o simplemente no tienen la agilidad para adaptarse al nuevo escenario. Sin embargo, hay un **imperativo comercial** para este cambio. En *Leading Digital: Turning Technology into Business Transformation*, George Westerman, Didier Capo y Andrew McAfee, resumen su investigación que clasifica a las empresas en función de su nivel y el compromiso con el cambio tecnológico:

"Las empresas que lideran el cambio tecnológico son un 26% más rentables que sus competidores promedio de la industria, generan un 9% más de ingresos, e impulsan una mayor eficiencia en sus productos y procesos".

"Revolución Digital" es un término más amplio que adoptar el uso de las redes sociales. Las organizaciones digitalmente maduras incluyen en su estrategia big data, analíticas, aplicaciones on-line de consumo, plataformas de colaboración, y un enfoque más amplio de transformación en la gestión empresarial que 'sólo' la introducción de los medios de comunicación digitales.

Nuestra capacidad de colaboración y adaptación son necesarias una vez más, y las empresas lo ponen en práctica mediante una estrategia digital a gran escala del negocio, amoldándose a un entorno más social. Esta estrategia incluye el ecosistema digital 3.0 en que se ha convertido **LinkedIn**, como una herramienta que conecta a las personas y facilita la colaboración. El lugar de trabajo se está desplazando a adoptar nuevas tecnologías y eso significa nuevas formas de trabajar. Nos guste o no, **vivimos, trabajamos y compartimos un mundo social**.

Organizaciones y Entornos de Trabajo más Colaborativos.

El teletrabajo y los equipos deslocalizados están relacionados con cómo las empresas están contratando a los recursos mejor cualificados para cada proyecto. Las organizaciones se están haciendo más distribuidas gracias a la naturaleza cada vez más global de las fusiones, adquisiciones y procesos de expansión internacional. Debido a esta tendencia, cada vez vamos a contar más con equipos multifuncionales y deslocalizados, que no precisarán de una oficina física, pero sí de un entorno digital que les facilite la interacción entre sus miembros.

Esta tendencia relacionada con el teletrabajo y los equipos deslocalizados la explican desde la propia experiencia Jason Fried y David H. Hansson en el libro *Remoto: no se requiere oficina*. Los autores del libro son los fundadores de **37signals**, una empresa de software creadora de la exitosa aplicación de gestión de proyectos **Basecamp**. Basándose en la experiencia de su propia empresa, Fried y Hansson defienden que ha llegado la hora del teletrabajo o trabajo a distancia, y explican las ventajas y desventajas de hacerlo así. Quizá la oficina tradicional no deje de existir por completo, pero irá perdiendo importancia progresivamente.

Los proyectos de desarrollo de software, ejecutados en entornos más ágiles y adaptables, han sido los primeros en adoptar los beneficios de la colaboración, dado que tradicionalmente se consideraba como una fuente de errores en este tipo de proyectos los fallos derivados de malas prácticas de trabajo con equipos deslocalizados: falta de compromiso, procesos de comunicación ineficaces, escasa gobernabilidad del equipo, o toma de decisiones sin la información correcta, derivados de equipos deslocalizados mal gestionados.

En un **entorno colaborativo**, es más importante la participación de clientes, empleados, dirección, y el resto de interesados de la organización, en los procesos de gestión que afectan a la toma de decisiones. El mundo **Agile**, relacionado tradicionalmente con el desarrollo software, es el principal precursor del **Management 3.0**, debido a la importancia que tiene la orientación al cliente, la participación de equipos auto gestionados, el empoderamiento de los empleados en base a una política abierta, colaboración transparente con agentes externos, y la toma de decisiones más fluida en base a información abierta compartida a través de herramientas digitales, en contraposición con la forma tradicional donde la información se solicitaba y se permitía su uso de arriba hacia abajo.

Adaptarse al Mercado y los nuevos Clientes.

Este contexto digital y social en el que se ven sumergidas las organizaciones y los negocios conlleva un alto nivel de incertidumbre, con continuos cambios tecnológicos, de competencia y de mercado, lo que pone en peligro la supervivencia de modelos de negocio obsoletos. Aquellas empresas que no son capaces de adaptarse a los cambios de mercado y al nuevo tipo de cliente, corren el riesgo de perder cuota de negocio, llegando incluso a desaparecer.

Las redes sociales están transformando la manera en que las empresas conectan con el mercado, **facilitando información a los interesados más allá del organigrama de la empresa**. La inmediatez, y la transparencia en el uso de la información generan confianza. Así, el uso de **LinkedIn** por parte de las organizaciones, como red social profesional orientada a la generación de negocio, les aporta una mayor transparencia, y por consiguiente un mayor nivel de confianza por parte del mercado.

La estrategia digital de las empresas debe abarcar también la parte comercial de nuestros proyectos, que incluye, marketing, *branding* y comunicación con el mercado. Habrá situaciones en los que los equipos de marketing tengan la necesidad de implementar los medios sociales y LinkedIn en particular para:
- Crear nuevas relaciones con los clientes, especialmente cuando se trata de un nuevo producto o empresa.
- Solicitar la opinión del usuario, recopilando los requisitos y necesidades que existen en el mercado. Investigar el mercado, estudiar a la competencia, etc.
- Creación de marca o *branding*, posicionando tu marca personal o la de tu empresa como referente y fuente de experiencia.
- Conectar con periodistas, analistas y *bloggers* de la industria que te ayuden a dar a conocer tu producto.
- Aumentar los perfiles del personal y reclutar nuevos empleados y colaboradores.
- Crear una red de *partners* y socios.

El uso de LinkedIn como canal de comunicación con el mercado genera una mayor interacción, y por tanto mayor satisfacción del cliente.

14.2. Nuevo estilo de Liderazgo: Management 3.0

Paralelamente a la transformación en los modelos de gestión y comunicación, se rompe con los roles basados en jerarquías, sustituidos por **roles facilitadores**. Los nuevos directivos son las personas que van a velar por la existencia y continuidad de una comunicación abierta, franca y transparente. La consecuencia lógica de esta influencia y transformación digital hacia un entorno 3.0, es un cambio en el estilo de liderazgo.

Lo que entendemos de una forma general por **Management 3.0**, conlleva **organizaciones y procesos más democráticos y participativos**, a diferencia de las herramientas tradicionales, basadas en estructuras jerárquicas. En este contexto, el flujo de información y toma de decisiones entre equipo, dirección, clientes, interesados,…hace que necesariamente la relación entre todos los agentes sea diferente a como estábamos acostumbrados.

El doctor Harold Kerzner, experto en gestión y dirección de proyectos, explica en su libro *Project Management 2.0* el cambio de relaciones que se dan dentro de las empresas. Cómo los miembros del equipo quieren sentirse más dueños de lo que hacen, en lugar de seguir solo órdenes; los clientes quieren participar en el proceso de marketing y de desarrollo; y los directores están descubriendo que organizaciones abiertas y ágiles pueden ser dirigidas de forma más eficaz que las organizaciones donde "todo conocimiento y dirección vienen de arriba". En resumen, ya no hay espacio para los gestores autoritarios.

Los clientes y empleados actuales, dotados de más poder, más conectados y escépticos, obligan a las organizaciones a considerarlos como parte interna de los procesos, lo que suele culminar con un grado mayor de **innovación, lealtad, ingresos y crecimiento**.

Se dan pues, cambios básicos para la **transformación hacia una empresa más ágil, adaptable y social,** con proyectos que afectan a un mayor número de interesados normalmente deslocalizados, lo que obliga a un **Liderazgo o Management 3.0:**

- Los clientes y agentes involucrados esperan poder formar parte del proceso de toma de decisiones, en base a información actualizada y abierta.
- Se comparte una mayor cantidad de información de forma transparente y ágil, que favorece la colaboración con agentes externos.
- **Superación de la empresa jerárquica**, con organigramas más flexibles y adaptados a los continuos, evolucionando hacia una empresa horizontal con niveles de comunicación y transparencia extraordinariamente altos.
- **Transformación de los responsables jerárquicos en líderes o facilitadores** posibilitando el empoderamiento y la creación de equipos autos gestionados, para conseguir generar un sentido colectivo.

Esta transformación nos hace pensar en una gestión más social:

Management 3.0 = SOCIALIZED Management

14.3. Leading Digital a través de LinkedIn

Tu propia Marca Leadership

LinkedIn proporciona los canales necesarios para promover nuestra propia Marca de Liderazgo en un sector o un nicho determinado. Jon Miller, VP Product Marketing de **Marketo**, describe *Thought Leadership* y la diferencia entre una estrategia digital basada en el liderazgo y el marketing de contenidos, en *The Sophisticated Marketer´s Guide to Thought Leadership*, publicado por **LinkedIn**:

"...tanto el Liderazgo, como el Marketing de Contenidos sirven efectivamente para crear tu imagen o marca, pero...un verdadero Liderazgo es mucho más raro. Una marca de liderazgo consiste en un conjunto de ideas que requieren atención, que ofrecen orientación o la claridad que puede llevar a las personas en direcciones inesperadas, a veces contrarias. El pensamiento de liderazgo tiene que educar, e idealmente, provocar; mientras que el marketing de contenidos simplemente es divertido o entretenido".

Jorge Zuazola, y otros miembros de **Spanish Leadership**, ya han explicado en éste y otros libros y artículos cómo implementar una estrategia digital basada en el Liderazgo y LinkedIn.

Invierte tiempo creando y gestionando un **Grupo de LinkedIn** que sirva de punto de encuentro para los profesionales a los que diriges tus servicios, de forma que tomes ventaja frente a tus competidores como un referente del sector. Además, tu **Página de Empresa en LinkedIn** es el sitio ideal para compartir tu **Marca Leadership**, incluyendo links a las publicaciones, eBooks y contenido de interés para tu nicho de mercado.

Tus artículos en **Pulse** deberían compartir tu experiencia profesional, escribiendo sobre los retos a los que te has enfrentado profesionalmente, las oportunidades o los tópicos en tu sector. Compartir las experiencias y las lecciones aprendidas demuestra un interés por la colaboración que genera confianza. Publicar en la plataforma editorial de LinkedIn posibilita la capacidad de compartir tu conocimiento y liderazgo:

- Cómo será el futuro de tu industria o profesión en los próximos años.
- Cuáles son los principales problemas a los que deberá adaptarse, y cómo los afronta tu empresa.
- Cuáles son los cambios que ha sufrido el sector y cómo ha afectado a las habilidades que requieren sus profesionales.
- ¿Qué consejo le darías a alguien que acaba de empezar?
- Cómo puedes ofrecer tu colaboración y la creación de una red de colaboradores.

Tu **Marca Leadership** debe tener un objetivo y un impacto que se pueda medir y cuantificar. Un objetivo de establecer tu liderazgo es el conseguir una **REPUTACIÓN** online como autoridad de confianza. Esta reputación te ayudará a forjar mayor número de **RELACIONES** con otros profesionales reconocidos del sector, potenciales clientes, socios, etc., y generar un mayor número de **VENTAS**.

Empleados que comparten Liderazgo

Una de las maneras más eficaces para compartir el liderazgo de una organización es capacitar a sus empleados a colaborar y compartir con sus redes profesionales en LinkedIn.

Para ello, las organizaciones deben cambiar de paradigma en cuanto a las relaciones con todos los agentes involucrados, clientes incluidos, y a la información que comparten de sus proyectos. Compartir el conocimiento adquirido entre el equipo de trabajo o proyecto, los clientes, y el resto de la organización puede ser mucho más efectivo, aunque, para lograrlo, será necesario un **cambio cultural en las organizaciones,** evolucionando hacia una empresa orientada al Management 3.0.

La colaboración de los empleados conlleva como consecuencia un cambio en la relación que se establece entre los miembros del equipo, un paradigma distinto y nuevo estilo de liderazgo.

Hacen falta profesionales que se conviertan en los **LÍDERES** de este cambio.

Carlos J. Pampliega, PMP, Burgos, 25 de Julio 2015.

CAPÍTULO 15

Por Juan Ignacio Gietz

https://es.linkedin.com/in/juangietztraymaindustria/en

BIOGRAFIA

Nací en Bilbao y tras acabar mis estudios universitarios en la Escuela Técnica Superior de Ingenieros Industriales, especializándome en el área de "Organización Industrial", realicé prácticas en distintas ciudades de Alemania. Primeramente en Langenfeld, trabajando para Robert Giebeler, una empresa dedicada a la fabricación de impresoras rotativas para el sector del papel; y posteriormente en Neuffen para Bielomatik Leuze, una empresa líder mundial, entre otras, en la fabricación de máquinas para la manipulación del papel.

Gracias a esta experiencia pude adquirir los conocimientos necesarios, tanto técnicos como de liderazgo empresarial, para hacerme cargo de la dirección técnica y organizativa de la empresa SUGRAGI durante ocho años, hasta finales de 1991.

Desde diciembre de ese mismo año y hasta la actualidad dirijo la empresa Transformados y Manipulados, S.L conocida comercialmente como **TRAYMA**. Siendo ésta una empresa especializada en la manipulación de cintas adhesivas técnicas, abarcando todos los sectores industriales, desde la industria de automoción, la aeroespacial, la electrónica, las energías renovables (solar y eólica), el vidrio, el mobiliario, las papeleras o las artes gráficas. Este hecho unido a la capacidad de personalizar el producto mediante piezas troqueladas o semi troqueladas o bien mediante laminaciones creando nuevos ítems, nos permite asesorar a nuestros clientes acerca de los productos que pueden mejorar, si es posible, sus procesos de fabricación.

Durante este periodo he compaginado las labores propias de la Dirección General con la asidua asistencia a cursos de cintas técnicas especiales instruidos por empresas de primer nivel como 3M, TESA, Saint Gobain o SCAPA. Ello ha permitido convertirme en un especialista en cintas adhesivas técnicas para la industria, pudiendo determinar qué productos son más idóneos para qué mercado o sector industrial.

Me considero asimismo una persona altamente cualificada para obtener resultados positivos en negociaciones complicadas, ya sea con personas u organizaciones interesadas tanto en proyectos nuevos como en ya existentes que contengan previsiones de optimización.

Por otro lado, soy fundador de **Wordwide Industry Leadership** con la misión de ser el catalizador de empresas industriales a nivel Nacional y Mundial.

15. Humildad para aprender LinkedIn la asignatura 3.0 pendiente de todo CEO

15.1. Escepticismo inicial

> "No es el más fuerte de las especies el que sobrevive,
> tampoco es el más inteligente el que sobrevive.
> Es aquel que es más adaptable al cambio."
>
> Charles Darwin

Estimado lector,

Empiezo este capítulo con esta famosa frase de Charles Darwin para confesarte mi evolución de la periodo pleistocena, en donde nos situamos gran parte de las empresas industriales cuando hablamos de Internet, a la época digital (aún no me atrevo a hablar de era de las nuevas tecnologías, pues creo que todavía me falta uno o dos pasos para asentarme en ella).

Siempre fui muy escéptico en darme a conocer tanto a mí como a la empresa a través de las Redes Sociales. O mejor dicho, me daba igual que esas cosas existieran o no, pues siempre pensé que eran una pérdida de tiempo y que existían otras formas presentarme al mundo.

No obstante, en septiembre del 2009 me incorporé a LinkedIn, creándome un perfil tanto personal como para la compañía en donde trabajo. Aun así, he de reconocer que durante cuatro años ignoré prácticamente dicha aplicación, más allá de agregarme a algunos grupos de profesionales, los cuales, pensaba, tal vez en un futuro lejano, podrían llegar a serme de utilidad.
Y así, los meses y los años transcurrieron incesablemente mientas, poco a poco, casi imperceptiblemente, mi red de contactos iba aumentando progresivamente.

Durante este tiempo y sin mucho convencimiento asistí en varias ocasiones, como guiado por una mano invisible para alcanzar un fin que no formaba parte de mi intención, a varias charlas dadas a través de la Cámara de Comercio. Gracias a ellas empecé a entender la importancia del posicionamiento en esto que los jóvenes llaman "redes sociales" y su papel fundamental en el futuro de la comunicación.

A finales de 2013, como por arte de magia, terminé de comprender finalmente el impacto de este tipo de páginas web en los negocios y la, hasta ahora, escasa participación del sector puramente industrial en ello. Así pues, me puse ¡manos a la obra!

Sin embargo, dado que no encontraba a nadie que me ilustrara en LinkedIn, (que es una de las pocas redes profesionales existentes de importancia), tuve inicialmente poca incidencia y mi aparto a la mismo fue, más bien, escaso, por no decir nulo. Es más, hasta entonces, no sabía de la trascendencia que podía alcanzar el crear un grupo propio y el tener una página de empresa correctamente rellena.

Dada la inquietud que había aparecido en mí, estuve buscando en los distintos grupos y post que aparecían en mi pantalla. Por pura casualidad, en uno de ellos, encontré a Jorge Zuazola y me puse en contacto con él.

Tras recibir una serie de entrenamientos y consejos de su parte, todo cambió en mi *modus operandi* dentro de LinkedIn. Mis apariciones y actuaciones dieron un vuelco de 180º grados que conllevó una reelaboración completa de ambos perfiles dentro de la red social: personal y el de la empresa. ¡Había que adecuarse a las nuevas tendencias! Evolución o muerte. Yo, desde luego, me quedo con la primera. ¿Y tú?

15.2. El grupo Worldwide Industry Leadership

Para ello, y como primer paso, cree el grupo Worldwide Industry Leadership (véase https://www.linkedin.com/grp/home?gid=8185980) dedicado a ser el catalizador de empresas industriales a nivel Nacional y Mundial.

Este tentativo inicio fue afianzándose a medida que incrementaba el número de publicaciones en él, a la par que iniciaba debates en otros grupos que consideraba de interés (sí, efectivamente, aquellos a los que en su día me uní, cuando, escéptico de mí, no apostaba ni un euro por esto de las redes sociales).

De hecho, en mi corta experiencia en LinkedIn ha sido suficiente para darme cuenta de la importancia de los "grupos", como nexo de conexión entre profesionales del mismo, o de otros ámbitos industriales y de negocios. Pese a que la plataforma únicamente admite estar enlazado y pertenecer a cincuenta de ellos, una buena elección de los mismos, facilita la obtención de ayuda más que suficiente para para satisfacer tus necesidades e inquietudes. El intercambio personal de ideas; buenas prácticas; comentarios; conocimientos; problemas; experiencias previas, tanto positivas como negativas, etc. es la fuente de información más grande que puedes hallar para encontrar la solución que estés buscando.

Todo ello, no ha conseguido sino acrecentar mi confianza en la comunicación vía on-line y la visibilidad que las redes sociales (de carácter profesional y orientadas a los negocios) pueden otorgar a las personas y a las empresas.

Una vez llegados a este punto, y gracias a las instrucciones que me dio Jorge, nuestra empresa ha notado un incremento considerable en las consultas. ¡Gracias Jorge!

Asimismo, tanto dentro de la página web corporativa como dentro de la página corporativa de LinkedIn y del grupo Worldwide Industry Leadership, se han creado varios administradores que tienen acceso directo para poner comunicados y noticias varias. Esta nueva idea de "apertura a la redes sociales" ha sido gratamente acogida por los empleados, lo cual nos lleva a ser optimistas en un futuro próximo.

Evidentemente, como todo en esta vida, una vez echada a rodar la pelota hay que continuar conduciéndola con cuidado por el campo de juego (si se me permite el símil futbolístico). Se deben dar los toques necesarios para que ésta siga rodando sin detenerse, cuidando constantemente que no se salga de control. Esto es, hay que ser constante a la hora de poner noticias y comunicaciones de forma que nuestra visibilidad en las redes no se detenga, pero evitando el descontrol de *postear* a todas horas del día para dar a conocer tus productos, pues esto te convertirá *ipso facto* en el "pesado" del grupo.

Una vez encontrado este equilibrio entre ataque y defensa, ser visible pero no "pesado"; uno de los puntos clave para mejorar nuestro empleo de LinkedIn y convertirnos definitivamente en el Brasil de Pelé es aprender a manejar los famosos *"hashtags"* o etiquetas. Vamos, la almohadilla (#) de toda la vida. Se tratan de etiquetas de información que se añaden en el código *html* de cada página de una web para aportar información relevante sobre la categorización de la misma. Su correcto uso resulta tremendamente eficaz pues los motores de búsqueda como Google o Yahoo lo utilizarán para clasificarla y ello empezará, sin duda, a darnos visibilidad sobre aquel tema en el que queramos destacar o seamos expertos.

De hecho, cada nuevo *post* sobre productos que nosotros lanzamos (¡Recordad: constancia, sí; pesadez, no!) lleva asignado siempre una etiqueta y una conexión directa a nuestra tienda online. De esta forma, se ha logrado que éstos aparezcan en las primeras posiciones de los principales motores de búsqueda, con lo que las ventas online se han visto gratamente aumentadas.

Querido lector, llegamos ya al final de este capítulo y, como espero hayas podido observar, tal y como los primeros simios se veían desplazados por otros primates más evolucionados al inicio de *2001: Odisea en el Espacio;* nuestra empresa ha ido adaptándose a esta nueva realidad que es Internet y la redes sociales.

Se despide atentamente,

Un pequeño dinosaurio aprendiendo humildemente a evolucionar.

Juan Ignacio Gietz Arrizabalaga, Bilbao, 19 de Julio de 2015

CAPÍTULO 16

Bruno Rodríguez López

http://www.LinkedIn.com/in/brunorodriguezandalucialeader

BIOGRAFIA

Profesional cuya misión es: Abrir mercados en el sector de construcción, rehabilitación y reformas en Sevilla y por extensión Andalucía.

Visión: las personas, las empresas, las organizaciones tienen necesidades, tienen sueños, quieren construir espacios habitables, agradables, funcionales, atrayentes y eso, sabemos cómo acompañar a las personas para conseguirlo, nuestros equipos pueden ayudarle.

Gerente de la empresa Rolocons, dedicada a construcción, rehabilitación y reformas, así como socio fundador de la empresa Promoalba 2005 dedicada a promover viviendas residenciales. Estoy formado en gestión y dirección de empresa por la consultora CEDEC (Centro Europeo de Evaluación Económica) y he recibido formación de marketing por la consultora DABO FACTO.

Las capacidades de observación y detección de necesidades me brindan la posibilidad de crear equipos multidisciplinares capaces de cubrir éstas.

Con 21 años de experiencia en el sector de la construcción, soy un profesional con el bagaje suficiente y la visión adecuada para afrontar los cambios y retos de dicho sector. Los clientes son el motor que impulsa la profesionalidad por eso cuido la comunicación, para poder expresar, escuchar y definir estrategias para la buena consecución de los trabajos.

Fundador de **Andalucía Business Leadership** fomentando y potenciando así la sinergia en el empresariado andaluz.

He recibido la formación para LinkedIn del reputado CEO Jorge Zuazola, creador de Spanish Leadership entre otras muchas creaciones.

16. Inversión con retorno es la clave para todo empresario

16.1 Donde estamos no es lo que somos.

Estás dónde estás dependiendo de tu entorno, ciudad, país, amigos, vecinos, pero dónde estás no define quien eres.

Si luchas por lo que quieres, a pesar de tu entorno y circunstancias, lograrás tener éxito, el éxito te dará lujos, pero eso tampoco define quien eres.

Lo que define quien eres es tu brújula interior, la que te guía por el camino correcto, el camino moral, el del esfuerzo, la humildad, la cooperación, eso eres tú y no dónde estás.

El mundo está cambiando, la tecnología, la información y las comunicaciones hacen que todo cambie a velocidades vertiginosas. Sabiendo quien somos, hemos de partir de la base que el camino a recorrer, es un camino donde hay que estar preparados y en constante proceso de aprendizaje. Ese aprendizaje hoy día pasa por estar muy en vanguardia en el mundo digital.

Los andaluces siempre hemos sido gente valiente, aventureros, pero siempre hemos pecado de indisciplinados y ese carácter, esa idiosincrasia nos lleva a donde estamos actualmente. Grandes ideas de innovación pero que duermen en cajones por indolencia.

Si hablamos de digitalización, debemos hablar de LinkedIn, la plataforma de marca personal y empresarial que te lleva al 3.0 en avance tecnológico.

Estar en LinkedIn, como dice el enunciado, no es ser LinkedIn, SER es lo que te define como un gran profesional en el camino del éxito.
No existen soluciones mágicas, no hay soluciones fáciles, la forma de triunfar es el trabajo duro, el trabajo ordenado, el trabajo planificado y el trabajo de colaboración.

Tenemos que tener conciencia de qué somos como profesionales, cuál es el sentido de nuestra existencia y la existencia de los negocios. Los negocios existen para servir al cliente y todos los profesionales han de estar en el mismo empeño, un profesional no trabaja para una empresa, trabaja en una empresa, pero trabaja para servir a sus clientes, por tanto has de estar preparado, has de estar motivado y en situación y con capacidad para interactuar con ellos.

Las empresas y los clientes quieren hacer negocios contigo y hay una razón para ello, es por ser quien eres, por tener claros tus objetivos, porque eres una persona con la que los demás se encuentran a gusto, les transmites veracidad, empatía, transparencia y profesionalidad, eso es exactamente ser 3.0, ahí es donde queremos llegar y para eso nos apoyamos en la tecnología, el conocimiento y la interacción.

16.2 R.O.I 3.0

Caos, desorden, cualquier acepción vale para definir lo que está pasando actualmente en la relaciones comerciales y de comunicación en el mundo.

Hemos pasado de la comunicación de las marcas a través de medios que estas tenían altamente controlados y verificados a un mundo donde la comunicación es entre pares, ya no es una acción piramidal de arriba abajo, sino que es transversal, multilateral y líquida, como quien vierte agua sobre una esponja, sabes que has vertido el agua pero no controlas a donde va ni como se ramifica una vez a entrado en la esponja.

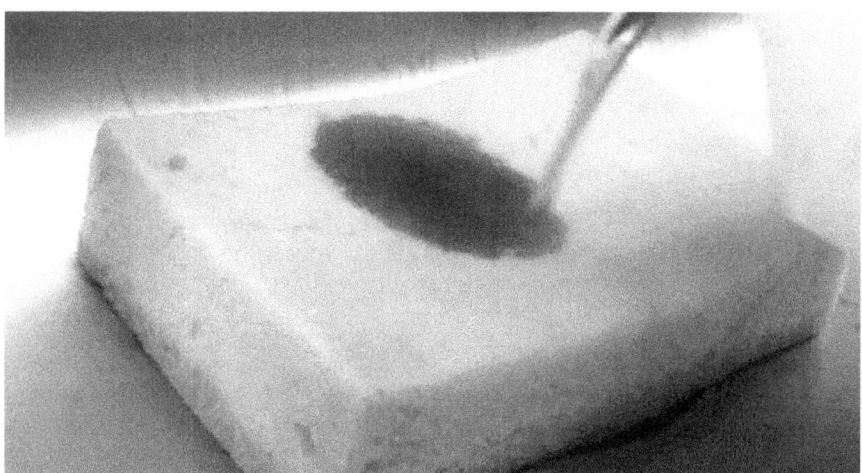

El proceso ha cambiado, por tanto ahora tienes a alguien que puede conocer tu marca con un simple tweet de algún amigo o un sharing en LinkedIn de alguno de tus contactos y eso puede llevar a esa persona a conectarse y entrar a conocer tu marca o entrar en algún foro para saber qué dicen otros consumidores de tu marca, producto o servicio.

Esta persona puede entrar en tu página web, en tu company page vía LinkedIn y dar a recomendar, puede subscribirse, le pueden llegar avisos y puede terminar conociendo tu marca sin llegar a verla en televisión, radio u otros medios, en este punto están los procesos mezclados, porque no has llegado a un posible consumidor de forma directa sino indirecta.

Que esa persona tenga conciencia de tu marca, no quiere decir que la vaya a adquirir, que vaya a ser comprador.

Los objetivos, llegados a este punto han cambiado. Estamos en una situación que si piensas en el valor de los resultados, de la estrategia de ventas, la pregunta que se le debe hacer a un vendedor es:

¿Obtienes más valor si una persona compra un producto o si tienes a 25 personas que no compran pero que recomiendan tu producto?

¿Y si esas personas tienen mil seguidores cada uno?

O magia, de repente sin que pertenezca a tu estrategia directa de venta para llegar a los consumidores, tu marca la ven 25.000 personas porque uno de sus contactos la recomienda.

¿Qué tiene más valor, que una persona compre tu producto o conseguir mil o dos mil seguidores de tu marca?

De momento es imposible saber cuál es el valor del retorno de la inversión, pero es evidente que el mundo digital ha cambiado el concepto y el significado de la palabra Marketing.

El 50% de las personas menores de 40 años, recomiendan las marcas que siguen online y sabemos el poder que tiene una recomendación, el poder del boca a boca, sabemos el esfuerzo que hacen las marcas por dar a conocer sus productos y hablar bien de ellos, pero siempre tienes la duda "ellos que van a decir", pero cuando la recomendación te llega de alguien que lo ha comprado la cosa cambia, porque es alguien que se ha gastado su dinero para adquirir un producto y por tanto su opinión no es la misma que la de la marca que cobra por el producto.

Entonces ¿Cuál es el valor de utilizar bien las redes sociales? ¿Cuál es el beneficio de conseguir seguidores y que prediquen por ti?

Lo que se necesita como empresa o como profesional es transformar ese interés en acción. Has de presentar a tus seguidores un camino directo a la acción, si no lo haces por grande que sea la lista de seguidores no podrán ayudarte, has de darle algo específico para hacer que de alguna manera se conecten a tu esfuerzo.
Puedes hacer partícipes a tus mejores embajadores de los beneficios que te reportan, vía ayudas en acción social, medioambientales, becas de estudio o cualquier aporte del beneficio que llame a la acción de tus seguidores embajadores.

Para eso has de ponerte en manos de un equipo de expertos, capaces de enseñarte el potencial de la red para trasladarlo a acción.

En mi caso particular, entendí que mis acciones debían estar dirigidas a posicionar mi marca en un entorno profesional y a través de ello llegar al mayor número posible de clientes. LinkedIn fue mi apuesta, su crecimiento es imparable, veraz y útil en el B2B y en el B2C.

Jorge Zuazola como consultor y uno de los mayores expertos de mundo en esta plataforma, a través de su empresa Spanish Leadership, me puso en el camino de utilizar LinkedIn para atraer seguidores y llevarlos a la acción.

16.3 ¿Por qué necesitamos formarnos en la tecnología digital 2.0 y 3.0?

Las personas somos emociones y nos movemos por percepción o por realidad.

Un 90% de la población tiene una percepción irracional del riesgo, que les lleva a la parálisis, a no tomar decisiones ni acciones por temor a perder lo que tienen, el miedo es su realidad.

El 10% de la población que destaca, que tiene éxito, que gana dinero es porque su mente está preparada para analizar la realidad y no dejarse guiar por percepciones, por eso asume riesgos, porque son riesgos controlados, analizados, se forman para ello y entonces dan el paso.

Imaginemos: Un avión y un coche ¿Por qué toda la gente se pone el cinturón en un avión y no en un coche? Simplemente por percepción, no por análisis, si analizamos las estadísticas de las vidas que salva un cinturón en un coche y las vidas que salva un cinturón en un avión, la proporción es de 99 a 1.

Otro ejemplo, la lotería: mucha gente juega a la lotería y las probabilidades de que les toque son ínfimas y el riesgo de perder lo invertido es altísimo, sin embargo ese 90% tiene la percepción de les va a tocar.

Hay otras personas, las que forman ese 10%, que invierten, por ejemplo en negocios, en bolsa, en nuevas tecnologías y se basan en realidades, información, estadísticas, análisis de beneficios y toman decisiones sobre un riesgo real pero menor, sin embargo ese riesgo es enorme para la mayoría de las personas que se guían por percepciones.

La apuesta por invertir en el conocimiento y la utilización de la tecnología 3.0, es una apuesta ganadora, pues casi todas las plataformas y LinkedIn en particular, te dan información, con estadística y gráficos, de lo que están suponiendo tus acciones, estás asumiendo un riesgo mínimo comparado con el beneficio que te puede reportar.

16.4 Cada día es una vida entera.

En un solo día:

Se puede tomar una decisión que cambiará el resto de tu vida.

Puedes comenzar un proyecto que te hará grande.

Puedes comenzar un nuevo hábito que va a revolucionar tu salud.

Puedes enfrentarte a un miedo y romper sus límites.

Puedes perdonar a una persona y alcanzar la paz.

Puedes inspirar a un niño y convertirse en un ejemplo para los demás.

Puedes descubrir una idea que reestructure tus pensamientos.

Puedes hacer un movimiento que cambie NUESTRO MUNDO.

Créelo, posees un gran poder, utilízalo.

__Robin Sharma__

Como andaluz, creo en la gente de mi tierra y creo que no debemos perder los días, cada día es una vida y cada día podemos crear una nueva realidad, tenemos ese poder, la realidad que nos interesa es evolucionar en el mundo digital porque podemos llevar nuestra marca personal, nuestras empresas y nuestros servicios a todo el mundo y el mundo cambia con nuestras acciones.

Agradecimientos

Quiero agradecer en especial, a mis compañeros de viaje andaluces en su capítulo sobre Andalucía 3.0, Pablo Linares, José Manuel Romero y José Sandino por su aportación y esfuerzo. Como siempre hacer mención a Jorge Zuazola por una nueva oportunidad de participar en este proyecto y poder compartir con muchos compañeros y grandes profesionales, la autoría de este libro.

A Ronald Charles Stern, porque como él dice, somos humanos y debemos ser tratados como humanos, no somos cosas, no se puede cosificar a las personas, las personas necesitan una visión, unas metas, formar equipos y poner el rumbo, la cultura y el trato a las personas del equipo es lo que te lleva al éxito, gracias amigo.

Bruno Rodríguez López, Sevilla, 31 de julio de 2015.

CAPÍTULO 17

Por Carlos Bote

http://www.linkedin.com/in/carlosbotechnologymanager/

BIOGRAFIA

Con más de 20 años en contacto con la computación y comunicaciones desde que descubrí un

Carlos Bote

Experto en Tecnología y Director de Sistemas.CTO CIO COO. Emprendedor. Liderazgo, optimización y rendimiento. Contáctame

Madrid Area, Spain | Internet

Current	Glimmer Media, Transparent CDN, ServoTIC Technology Solutions, Niptia.com
Previous	Social Noise, DixiMedia, Spanish Leadership, Prisacom Unidad Editorial (ElMundo)
Education	Instituto Universitario de Postgrado (IUP)

Send a message ▼

500+
connections

https://es.linkedin.com/in/carlosbotechnologymanager/es   Contact Info

Amstrad a mediados de los 80. Ahí comencé con los primeros juegos y programas, investigando más allá de lo que se veía en la pantalla, por dentro y por fuera.

A principios de los 90, en la universidad estudié Informática en la Politécnica de Madrid, especializándome en programación , gestión , web y visión artificial, pero sobre todo con los sistemas operativos UniX, Internet , y sobre todo LinuX donde empiezo a colaborar con la comunidad Open Source y compartir su filosofía desde aquellos comienzos de la red.

He trabajado en sectores como banca, finanzas y marketing, desde técnico hasta responsable de área, seguridad o CIO/CTO, ganando enseguida puestos de responsabilidad. En medios de Comunicación he desarrollado más de 16 años de dura carrera como Director de Sistemas (CIO) , en empresas tan punteras como Unidad Editorial (El Mundo) o Grupo Prisa (El País, SER, etc.), o proyectos online como DixiMedia (lainformación.com).

Soy **Ingeniero Técnico en Sistemas por la UPM**, y **Master en Dirección Estratégica de Empresas** por la Universidad Carlos III de Madrid, IUP y Universidad de Barcelona.

En los últimos años doy el salto al emprendimiento, siendo socio y mentor de varias startup, empezando en **ServoTIC** (especializada en tecnología y alto rendimiento de plataformas web). Desde aquí potencio y ligero la creación de un producto propio que genera una spin-off de nombre **Transparent CDN.** Somos una Red de Distribución de Contenidos y seguridad puramente española, que aspira a unir el mundo de la seguridad con la velocidad en entornos web, y ganar una posición en el mundo de la distribución de Audio, Vídeo y contenido (Content Delivery Networks o CDN), siendo por fin rentables en este año 2015.

A finales de 2014 un amigo me presenta el proyecto **Glimmer Media.** Vi un gran potencial humano y de negocio, y me incorporo junto a los fundadores como socio y responsable de Arquitectura y Estrategia Tecnológica. Especializados en Performance Marketing y Email Delivery, desarrollamos sistemas y algoritmos propios de reputación de envíos publicitarios y Newsletters, con el objetivo de subir la calidad de las campañas, garantizar la entregabilidad de los contenidos a nuestros clientes y mejorando los ratios de CR y CTR a valores mucho mejores que la competencia. Tecnología propia y puntera. Un reto ya rentable en pocos meses.

Además, en 2014 co-fundo Niptia, una idea que generó una plataforma de compra-venta entre empresas y particulares donde se premia al esfuerzo de los usuarios que generen ventas con ganancias directas reales. Un proyecto creado en modo *Lean* que ha levantado expectativas en su primera versión. Estamos actualmente buscando financiación para dar el salto de volumen.

En 2014 descubro Spanish Leadership gracias a Jorge Zuazola, y es a partir de aquí donde acabo de relanzar las iniciativas pendientes y donde llevo mi capacidad de networking al máximo nivel, usando LinkedIn como paradigma y herramienta fundamental.

Deportista convencido y trabajador incansable, comparte afición y devoción con su familia. A ellos van dedicados todos mis esfuerzos. Contáctame si necesitas mi ayuda. Estaré encantado.

17 Preparación para el 4.0 no es una necesidad sino una obligación

17.1 La escena

Seguro que lo habréis visto en alguna película. El protagonista que está en su oficina trabajando con ventanas táctiles. En esa monitor se sobre-impresiona una vídeo llamada de su novia diciendo *"te espero en el restaurante"*. El protagonista contesta y da una orden al sistema preguntando *"cuánto tardaré en llegar a casa"*, recibiendo la respuesta adecuada.

Según pasa el tiempo el sistema le recuerda que tiene que marcharse, y le va actualizando el tiempo que tardará en llegar a destino.

"No la hagas esperar", mientras le sugiere cosas al respecto, como flores o un tipo de perfume. Incluso el sistema actualiza el estado para que el restaurante sepa hora de llegada.

Monta en el coche, y de forma automática selecciona las mejores rutas dependiendo del tráfico, le actualiza el tiempo del fin de semana y le enviará flores en unos minutos a su chica (confirmando). Mientras, en casa la temperatura ya está acorde a sus expectativas, y los sistemas audiovisuales preparados para reproducir la música que quiere (Música *"de guerra"*, pues el sistema ya sabe de antemano que es una cena importante).

En el restaurante no hace falta pagar. El sistema ya permitió hacer una carga en su cuenta corriente, y lo único que hacen es comer, y marcharse. Mientras tanto, sus redes sociales ya han publicado sus fotos, su estado, y probablemente por la mañana tengan algún mensaje de correo electrónico sugiriendo vacaciones, una nueva casa… o quién sabe, quizás un abogado.

La tecnología poniéndolo fácil. La tecnología al servicio de las personas. Tecnología útil.

¿En qué año estaría el protagonista? …. ¿Seguro?

17.2 Spanish Leadership

Desde hace años tengo una carpeta en mis diferentes sistemas de organización de documentos digital donde almaceno aquellas ideas que en un momento dado me han sugerido algún tipo de interés. Algunas de ellas se me ocurren como simples casualidades trabajando en otros proyectos, como en su día fue la invención de los Rayos X, la Viagra[13] , y otras de esas ideas felices surgen de la nada como en su día fue el Post-iT o … el Condensador de Fluzo[14].

Después de algunos años en el mundo tecnológico, poco a poco vas desarrollando un pequeño olfato que te hace sospechar qué proyectos van a funcionar y cuáles no. Obviamente no es infalible, pero si es verdad que algunos proyectos e ideas que luego han sido rompedoras,

---

[13] http://www.europe-pharm.com/ES/viagra-historia
[14] https://es.wikipedia.org/wiki/Condensador_de_flujo

útiles, o innovadoras, nada más verlas supe que iban a funcionar. Incluso algunas de ellas ya estaban en esa "mi carpeta de proyectos futuros". (Por ejemplo, los conocidos SnapChat o Wallapop). Otras se quedaron en el camino, pero, qué diablos, hay que equivocarse algunas veces para aprender. El miedo no ayuda en estos casos.

Al hilo de esto, Jorge Zuazola me pidió amablemente que colaborase en este nuevo libro haciendo mi breve aportación al futuro tecnológico de Internet. El título del capítulo lo dice todo y, aun a riesgo de equivocarme, me gustaría daros mi humilde opinión acerca del siguiente "paso" o "versión" en la Web, lo que se está llamando Web 4.0. ¿Empezamos?

17.3   ¿Qué es eso de las "Versiones del Web"?

Dejadme poneros en contexto. Quizás hayáis oído hablar de términos Web 1.0, o 2.0. Los más avanzados incluso ya habréis oído hablar del 3.0 o 4.0 que es el punto que me toca.

El propio Jorge Zuazola da unas claves fantásticas aquí:
https://www.linkedin.com/pulse/como-pasar-del-10-al-30-en-30-45-dias-relativamente-jorge-zuazola?published=u

Aquí va la mía. No os hagáis líos. Esa numeración es una forma de agrupar tecnologías y metodologías tanto en la parte de texto, gráfica y contenido, como la de "máquinas y usuarios", en constante evolución y compenetración. Pero en el fondo, no deja de ser una forma sencilla de agrupar todas esas variables de una forma que espero podáis entender:

Web 1.0: Aquellos primeros sistemas que publicaban contenido en páginas estáticas, mezclando el diseño y el texto, y donde **no se podía modificar nada** sin que el autor de la página o el administrador del servidor (el famoso "*Webmaster*") lo hicieran. Así fue desde el inicio del internet moderno (años 90), hasta aproximadamente 2003-2005.

Web 2.0: Con la expansión y abaratamiento de las comunicaciones, empiezan a proliferar los sistemas donde los usuarios tenían *algo que decir*. Los foros, blogs y chats, y después, las Redes Sociales ponen el foco en que es **el usuario quién actúa sobre el contenido**.

La mejor forma de entender el paso de Web 1.0 a Web 2.0 es **Wikipedia**. Antes, las enciclopedias eran volcadas directamente de la información en papel o en CD/DVD, a un enorme fichero en Internet. Ahora mismo, en Internet 2.0, Wikipedia tiene vida propia y es mucho más grande que cualquier otra enciclopedia o base de datos conocida. Y se gestiona *casi sola*.

Web 3.0: Aquí ya tenemos un problema. Y es que no hay consenso en "qué es web 3.0" de forma exacta. Por ejemplo, según Wikipedia podemos leer esta definición tan extraña[15]:

"Movimiento social con el objetivo de crear contenidos accesibles por múltiples aplicaciones non-browser (sin navegador), el empuje de las tecnologías de inteligencia artificial, la web semántica, la Web Geoespacial o la Web 3D"

---

[15] https://es.wikipedia.org/wiki/Web_3.0

Para mí, el Web 3.0 es el conjunto de tecnologías que permiten una interacción total de los usuarios con los contenidos y las aplicaciones, estén donde estén y usando métodos naturales sencillos para comunicarse entre el usuario y la máquina (menos "técnicas" o "avanzadas").

Es aquí donde comienzan las discrepancias. En mi opinión todavía la tecnología no ha llegado del todo a satisfacer el concepto. Pero se está trabajando en ello y hay fuertes avances.

Muchas aplicaciones permiten interoperabilidad sin gestión humana, y el acceso puede ser múltiple desde cualquier dispositivo "no pc", como relojes, pantallas en la calle, displays...etc. Los sistemas empiezan a aprender y a recibir información suficiente para tomar decisiones o hacer recomendaciones sobre algunos aspectos. La **geolocalización**, la **inteligencia artificial**, la forma de organizar la información y otros aspectos mucho menos trabajados como el **3D** forman todas las tecnologías que deberían estar dentro del 3.0. Pero es un concepto quizás demasiado amplio. Lo realmente importante es que la presencia de un producto no es estática. Interactúa, es accesible desde múltiples sitios y de forma natural.

Como veis, es difícil englobar todo en este punto 3.0. De ahí que haya discrepancias.

Si tuviéramos que poner el estado de Internet en alguna de estas fases, en mi modo de pensar, estaríamos saliendo de la 2.0 y zambulléndonos en la 3.0. Aunque, desgraciadamente, todavía hay muchas compañías que no comprenden estos pasos y siguen anclados en modelos obsoletos, y lo que es peor, ni siquiera les inquieta. Pero...esa es otra historia.

¿Y el 4.0?

17.4   ¿Qué es para mí el Internet 4.0?

Empezaré con unos números y conceptos sencillos para situar. ¿Se sentirán confortables los lectores hablando de Megabytes? Disculpadme los más avanzados o profesionales si no soy muy exacto en virtud de ser didáctico. Imagino que tendréis un disco, o una memoria con un determinado valor de Megabytes (MB a partir de ahora). También por sus tarifas de datos en móviles, o el espacio de su disco duro. Seguro que entenderéis el porqué:

Pues bien, un **Hexabyte** son **1.000.000.000.000 Megabytes (mil millones)**. Ahora, a día 16 de Julio de 2015 (momento de escribir estas líneas, a 41 grados centígrados según mi widget), se están generando aproximadamente unos **5 hexabytes** de datos. SOLO EN 24 horas. ¿Cómo? Pues, por ejemplo:

> Con más de *200 millones de emails* enviados cada minuto
> Haciendo más de *5 millones de búsquedas* en Google cada minuto
> Enviando más de *300.000 tuits cada minuto*

Estos números multiplicados por días, semanas o años nos dan una dimensión de la cantidad de información que se genera en Internet y hay que almacenar, procesar, catalogar y analizar.

Esto es clave para componer el **puzzle del 4.0**. Lo contaré en, igualmente, **cuatro piezas**:

17.4.1 Big Data

Veamos este gráfico:

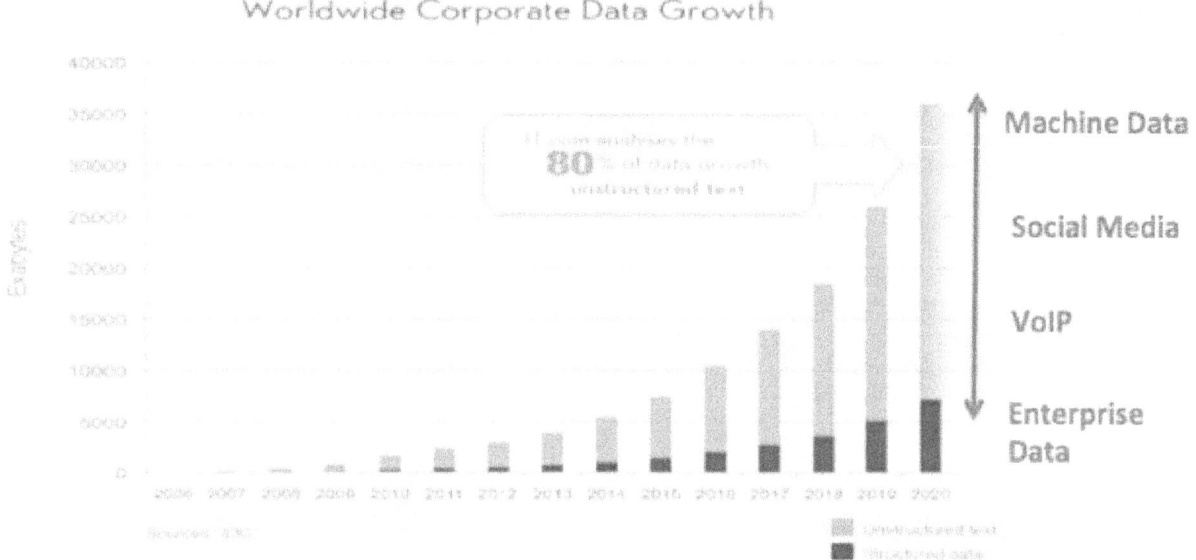

El 80% de los datos que se generan actualmente son datos en "*crudo*", es decir, sin ningún proceso previo, de forma no estructurada, sobre la que habrá que realizar múltiples procesos para poder explotarlas correctamente. La tecnología de **Big Data** viene a ofrecernos métodos para que esos datos puedan ser consultados **en tiempo real** y que sean variables reales y útiles en tomas de decisiones del resto de los sistemas que actualmente funcionan en Internet. Ahora mismo. A tu alrededor. Incluso tu móvil o en los emails que te están llegando ahora mismo.

Aquí tenemos la primera pieza de mi puzzle. El Internet 4.0 **será un "ente" completo**. El Internet como herramienta y como fuente de datos, con lo cual, toda la información que se genera se utilizará de una forma u otra para tomar decisiones o complementarlas. Como si fuera un cerebro humano (recuerdos, información, procedimientos). Para esto, la tecnología Big Data es primordial. Nunca antes se habían tenido las herramientas y la capacidad para poder gestionar toda esa información, en tiempo real y utilizarla para retroalimentar decisiones de forma autónoma, o simplemente para dar más alternativas a los usuarios.

¿Problemas por resolver? Muchos. Seguridad, privacidad, legislaciones, etc. Pero eso da para otro libro. Sin embargo, el Big Data ha venido para quedarse. Y ya lo estáis usando sin saber.

17.4.2 Internet of Things (IoT o "Internet de las Cosas")

Veamos un nuevo gráfico muy interesante del Internet actual:

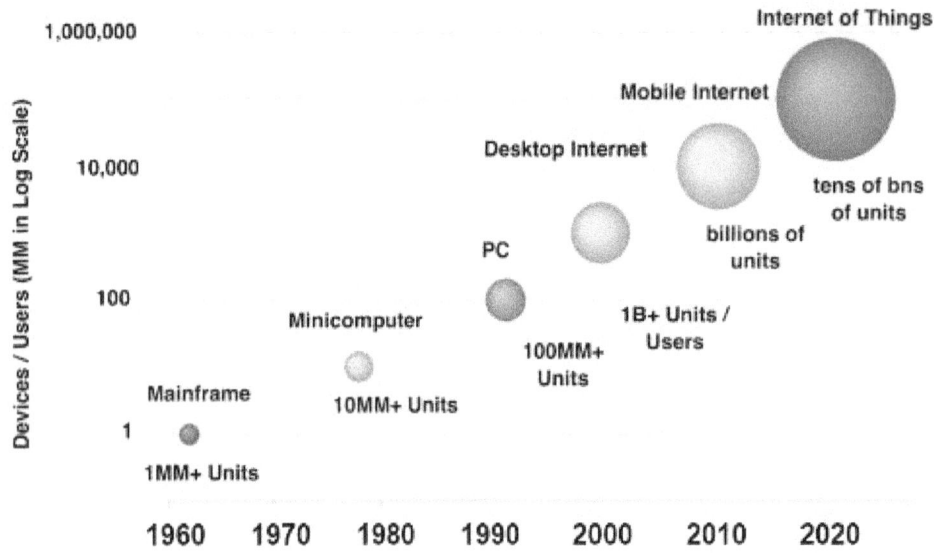

El número de dispositivos que de forma desatendida se conecta a internet a volcar datos se dispara. El mundo se está llenando de sensores que envían sus datos a diferentes sistemas que deberán re-procesar y enviar a otros sistemas, que a su vez alimentarán a otros…etc.

Equipos de medición de temperatura, en vehículos, múltiples sensores domésticos, en periféricos, dispositivos de seguridad (alarmas, cámaras), contar personas, video vigilancia,…. e incluso análisis de rostro en estaciones de tren, analítica de voz en operadoras, o en edificios potencialmente estratégicos o peligrosos. Esto es el mundo del Internet Of Things (IoT), o "Internet de las Cosas". También tiene otro nombre, M2M (Machine To Machine).

El IoT como herramienta es mi segunda pieza del puzzle. Ser capaz de extraer conocimiento y utilizar en beneficio toda la información automática que será generada sin intervención humana para mejorar la vida de las personas de forma objetiva y *desinteresada*.

17.4.3 Contexto e Interfaz

Empecemos con un nuevo gráfico:

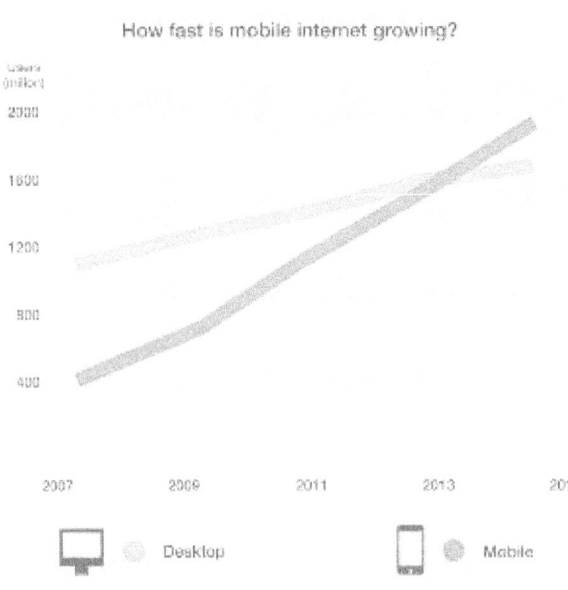

Ya hace años que el número de dispositivos móviles superó al de equipos de escritorio.

Y eso que las estadísticas suelen contemplar como dispositivos móviles los propios teléfonos o las tabletas, dejando fuera otras cosas como los *wearables*[16]. Si se hiciese bien, la diferencia sería aún mayor.

La velocidad y la elección de la información es vital para que la respuesta al evento generado sea rápida, útil y de calidad. El usuario ha de recibir menos información pero mucho más precisa.

Aquí viene el "contexto". La pareja de "ubicacion-dispositivo". No es lo mismo la información y la interacción dependiendo de cómo y dónde esté conectado. Y no hablo solo de geoposicionamiento, sino de ofrecer una realidad diferente y exacta al usuario.

Y como guinda, hay que eliminar las barreras del "Interfaz", para que cualquier usuario sea cual sea su nivel tecnológico pueda utilizar el sistema igual que un experto. Las técnicas de interpretación del lenguaje natural y reconocimiento de voz deben llevarse a su máximo estadio para conseguir la total comunión de esta tercera pieza. Debemos ser capaces de comunicarnos con "el sistema" de una forma natural, y menos técnica.

Así por ejemplo, alguien que está paseando reciba la información geolocalizada de donde esté solamente por sus últimas interacciones y eventos en ese lugar de otros usuarios sumado al estado emocional del propio usuario relacionado con sus redes sociales. Y todo esto, sepa o no sepa escribir órdenes en un teclado. De forma natural, esta sería mi tercera pieza del puzzle.

17.4.4 Cloud Computing

La joya de la corona es el **Cloud Computing (o "la nube")**. Seguramente hayas oído mil veces este término y no sepas en qué te afecta (o quizás estés cansado de él, sobre todo si eres profesional en tecnología). Has de saber que todo a tu alrededor es "*Cloud*". Desde tu telefonía, hasta tu internet de casa, probablemente las películas que ves en la TV y hasta tus sistemas de contabilización de luz y agua, tu seguro, tu email, tu gestor contable…etc.

El Cloud Computing permite a los proveedores de servicios, startups e incluso usuarios a disponer de tecnología potente, rápida, flexible y barata. Como contratar el agua o la luz, es muy sencillo desplegar nuevos negocios, nuevas pruebas con un coste tecnológico reducido.

---

[16] https://es.wikipedia.org/wiki/Wearable

La posibilidad de las compañías para probar nuevos modelos de negocio, explotando el Big Data, el contexto y la interacción, y aprovechando la información recibida de sistemas de IoT es ahora más **sencilla y barata que nunca**.

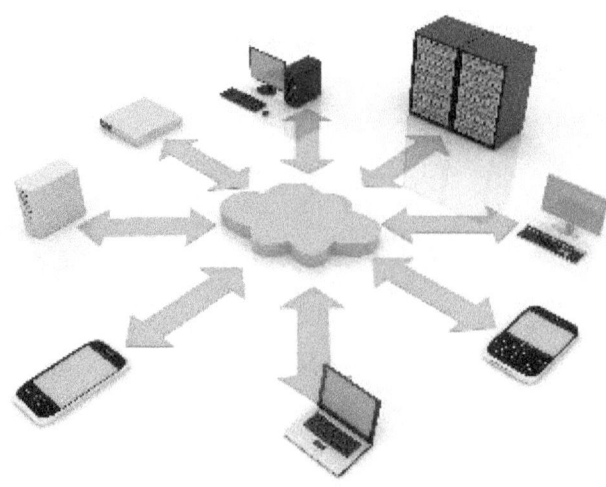

Está al alcance de cualquiera.

No tenemos excusas las compañías, proveedores de servicios o empresas que podemos ofrecer algo a nuestros clientes, pues en este momento empezamos a tener todo tipo de herramientas a bajo coste.

La cuarta pieza pivota en esta capacidad de computación. Ya no hay barreras de entrada en costes tecnológicos pues muchos han disminuido o desaparecido. El Internet del futuro será global y permitirá pago por uso, crecer y decrecer sin grandes hipotecas, o costes de adquisición. Los proyectos y su viabilidad no sufrirán por ese aspecto, sino por el propio modelo de negocio. Permitirá a los creadores centrarse en el producto y no en el soporte.

17.5   Epílogo

Para mí el resumen acerca del Internet 4.0 es/será el reto poder unificar toda esa cantidad de datos generados por las personas, y por supuesto, las máquinas y sistemas automatizados de tal forma que todo ese conocimiento pueda ser utilizado en una forma común , útil y totalmente **desinteresada**. Y repito la palabra "desinteresada". Fracasaremos como sociedad si no hacemos que sea altruista. Información y tecnología, tiempo real, que se retro-alimenta y que toma decisiones por nosotros, de forma atendida o totalmente independiente.

Por ejemplo, el cerebro humano toma decisiones en base a multitud de parámetros a su alrededor. Internet ha de ser como un gran cerebro donde la información enorme es parte de un número de variables para conjugar la ecuación de la decisión. Problemas hay muchos, pero, ese es el camino que yo creo que hay que seguir. No debemos ir a buscar la información, sino que "**ya la tenemos**" (o en este caso, "la tendremos").

Un sistema global donde todo lo que se genera se utiliza en beneficio común, será un éxito para todos nosotros. Ojalá podamos llegar a ese punto.

Dejadme finalizar volviendo a la película del comienzo del artículo y a las cosas que le pasaban al protagonista. Aproximadamente el 80% de las cosas que le suceden yo ya las uso. Es tecnología "real" y usable a mitad de año 2015. Seguro que vosotros también usáis alguna.

El futuro ya no está tan lejos.

¿Estáis listos?

Carlos Bote, Madrid (España), 25 de Julio de 2015.

APENDICE I: BLOG PARA TOMAR NOTAS

Referencia	Idea

APÈNDICE II : LIBROS DE LIDERAZGO RECOMENDADOS POR SPANISH LEADERSHIP

#	Title	Author
1	Financial Freedom	Collin Turner
2	You've got everything that it takes	Julio Melara
3	How to Win Friends & Influence People	Dale Carnegie
4	Attitudes & Altitudes	Pat Mesiti
5	Escape to Prosperity	Wes Beavis
6	The Magic of Thinking Big	David Schwarz
7	Business @ the speed of thought	Bill Gates
8	Rich Dad, Poor Dad	Robert Kiyosaki
9	Personality Plus	Florence Littauer

Diets

www.ingramcontent.com/pod-product-compliance
Lightning Source LLC
Chambersburg PA
CBHW080637180526
45168CB00008B/3200